BIBLIOTHÈQUE DES ÉCOLES CHRÉTIENNES
3ᵉ SÉRIE

UNE
FAMILLE CRÉOLE

DES ILES
MAURICE ET DE LA RÉUNION

PAR

JUST GIRARD

TOURS

Aᵈ MAME ET Cⁱᵉ, IMPRIMEURS-LIBRAIRES

BIBLIOTHÈQUE

DES

ÉCOLES CHRÉTIENNES

APPROUVÉE

PAR MGR L'ARCHEVÊQUE DE TOURS

—

3e SÉRIE

Épuisé de fatigue et de besoin, il s'abandonna
à la Providence.

UNE
FAMILLE CRÉOLE

DES ILES

MAURICE ET DE LA RÉUNION

PAR

JUST GIRARD

TOURS

A^d MAME ET Cie, IMPRIMEURS-LIBRAIRES

1860

UNE
FAMILLE CRÉOLE

DES ILES
MAURICE ET DE LA RÉUNION

CHAPITRE I

SERVANT D'INTRODUCTION

Pendant un voyage que je faisais à Bordeaux en 1858, je fus invité à passer une soirée chez un de mes amis, riche négociant armateur de cette ville. Au moment où j'entrai dans le salon, toute la société était réunie en un vaste demi-cercle, dont les deux ou trois premiers rangs étaient formés de dames assises sur des fauteuils ou sur des chaises, et le reste se composait de groupes

de messieurs debout derrière les dames.
Tout ce monde écoutait avec la plus grande
attention un personnage placé au centre de
l'hémicycle, le dos tourné à la cheminée, et
qui racontait quelques-uns des plus émou-
vants épisodes de la guerre des Indes et de
la terrible insurrection des cipayes.

La préoccupation de l'assemblée était
telle, que je pus me glisser inaperçu à tra-
vers les groupes, et arriver jusque auprès du
maître de la maison, que je saluai silencieu-
sement de la tête et de la main, en lui faisant comprendre par signes que je ne vou-
lais pas causer le moindre dérangement à
personne. Cependant il s'approcha pour
échanger avec moi une poignée de main, et
me dire tout bas à l'oreille: « C'est un voyageur qui arrive des grandes Indes; il a assisté
à une partie de l'insurrection, et il a été té-
moin de tout ce qu'il raconte; écoutez-le,
c'est vraiment curieux. » Après ce peu de

mots, mon ami reprit son attitude d'audi-teur attentif; et moi, de mon côté, je me mis à écouter comme les autres.

Mon attention se porta d'abord sur le personnage qui tenait, comme on dit, son auditoire suspendu à ses lèvres. C'était un homme de trente-six à quarante ans, au teint d'un blanc mat, quoiqu'un peu bronzé par le soleil des tropiques; il por-tait des favoris touffus et taillés à la mode anglaise; ses yeux noirs et vifs étaient, comme tout l'ensemble de sa physionomie, pleins d'expression et d'intelligence. Il par-lait avec une étonnante facilité; sa diction était colorée, imagée, souvent pittoresque et même poétique; ses termes étaient tou-jours corrects, et choisis sans être recher-chés; ses tournures de phrases, toujours naturelles, n'avaient jamais rien d'affecté ni d'embarrassé. Enfin un timbre de voix sonore et doux, une articulation nette,

une prononciation pure, un débit har-
monieux, donnaient à l'ensemble de son
langage un cachet de distinction qu'on ne
rencontre guère que parmi les personnes
bien élevées et appartenant à la meilleure
compagnie. Aussi, et l'on n'aura pas de
peine à le comprendre, l'intérêt inspiré na-
turellement par le sujet des récits du
voyageur, était plus que doublé par la
manière dont les faits étaient racontés,
et présentés, en quelque sorte, comme autant de tableaux et de scènes animées aux
yeux des auditeurs.

Les péripéties du siége de Delhi, les
massacres de Lucknow, les malheurs de
tant de familles, femmes et enfants, im-
molées à la vengeance des cipayes, ou sou-
mises à leur brutalité, excitèrent tour à
tour l'indignation, l'horreur et la pitié.

Enfin, quand le voyageur eut cessé de
parler, le silence se prolongea encore

quelques instants, les poitrines oppressées se soulagèrent par un profond soupir ; puis les dames qui se trouvaient les plus rapprochées du narrateur lui adressèrent une foule de questions, et les conversations particulières s'engagèrent dans les divers groupes dispersés dans le salon.

Mon ami m'aborda alors, et me dit en riant : « Vous qui vous mêlez quelquefois d'écrire et de faire imprimer, dites-moi, comment trouvez-vous que notre homme s'exprime en français ?

— Mais parfaitement ; et je vous assure que je désirerais de tout mon cœur pouvoir écrire avec autant de talent qu'il parle.

— Vous n'avez pas remarqué d'accent étranger dans sa conversation ?

— Pas le moins du monde ; mais pourquoi cette question ? Est-ce que ce monsieur serait étranger ?

— Il est Anglais, rien que cela.

— Pas possible ! m'écriai-je avec surprise ; à moins toutefois, ajoutai-je, qu'il ne soit venu en France dès sa plus tendre enfance, ou qu'il n'ait appris notre langue tout en apprenant à parler ; car non-seulement il n'a pas dans sa prononciation le plus léger accent anglais, non-seulement dans ses phrases on ne remarque pas la moindre locution d'outre-Manche ; mais encore il manie notre langue avec cette facilité, ou plutôt cette familiarité qui n'appartient qu'à ceux dont elle est l'idiome maternel, et qui l'ont pratiquée dès leur plus tendre enfance.

— Eh bien, reprit mon interlocuteur, il n'y a pas plus de trois jours qu'il est débarqué à Bordeaux, et c'est la première fois de sa vie qu'il met le pied en France, et même en Europe. De plus j'ajouterai qu'il parle l'anglais avec la même pureté qu'il parle notre langue, au point qu'un de mes correspondants de Londres qui se trouve en ce moment à Bordeaux, et qui a causé longtemps avec lui ce matin, le prenait pour un natif de la Cité ou du West-End (1), et n'a pas été peu surpris d'apprendre que jamais il n'avait visité l'Angleterre, et que c'est à plus de quatre mille lieues d'ici qu'il a appris les deux langues qui lui sont si familières.

— J'avoue, repris-je, que cela me surprend; car j'ai bien rencontré, et même assez souvent, des Anglais parlant parfaitement notre langue, qu'ils avaient apprise dès leurs plus jeunes années, avec les meilleurs maîtres, puis par les leçons bien plus importantes de l'expérience et de la pratique acquise dans la fréquentation de la bonne compagnie; et j'ai toujours remarqué chez eux, soit dans la prononciation, soit dans l'expression, quel-

(1) Principaux quartiers de Londres.

que nuance, souvent fort légère à la vérité, mais suffisante pour qu'une oreille délicate reconnaisse une origine exotique, tandis qu'ici j'avoue que je ne trouve absolument rien de semblable.

— Pour peu que vous teniez à l'explication de ce phénomène, il vous le donnera lui-même, me dit en souriant mon ami ; je vais, si vous le désirez, vous présenter l'un à l'autre ; vous ne serez pas fâché, je l'espère, de faire sa connaissance, car c'est non-seulement un homme d'esprit et d'intelligence, mais, ce qui vaut mieux, c'est un homme de cœur et un homme de bien dans toute l'acception de ces mots.

— Je ne demande pas mieux, répondis-je avec empressement ; mais auparavant permettez-moi d'aller présenter mes hommages à la maîtresse de la maison, que je n'ai pas encore saluée.

— C'est juste : eh bien, pendant que

vous serez auprès de ma femme, j'irai délivrer notre pauvre étranger des importunités de trois ou quatre impitoyables questionneuses que je vois acharnées à le tourmenter, et qui seraient capables de l'accaparer pour toute la soirée, si en ma qualité de maître de maison mon devoir n'était d'y mettre ordre; puis, sous prétexte que ma femme désire lui parler, je vous l'amènerai. — Ah! j'oubliais de vous prévenir que la dame assise à droite de ma femme est l'épouse de notre voyageur, et par la même occasion je vous présenterai aux deux époux. »

Cela dit, nous nous séparâmes. Je me hâtai d'aller saluer la femme de mon ami, et, tout en m'acquittant de ce devoir, je jetai un coup d'œil rapide sur la personne qu'il m'avait désignée comme la femme du voyageur étranger. Elle avait ce teint d'une blancheur remarquable qui appartient aux créoles d'origine européenne ; elle avait dû être fort jolie plutôt que belle, quand elle était dans l'éclat de la première jeunesse ; mais à présent elle approchait de la trentaine, et à cet âge les femmes créoles entrent souvent dans la vieillesse.

A peine avais-je terminé cet examen très-sommaire, que le maître de la maison arriva avec l'étranger, qu'il me présenta sous le nom d'Alfred la Roche, comme son hôte pour le moment, comme son associé éventuel dans diverses opérations commerciales, et comme son ami toujours ; puis il me présenta en même temps à M. et Mme Alfred la Roche, en leur déclinant mon nom et mes qualités, et en me donnant le titre d'un de ses plus anciens amis. Ces formalités remplies, mon ami le Bordelais dit en riant : « Croirais-tu, mon cher Alfred, que tout à l'heure Monsieur ne voulait pas croire que tu fusses Anglais ?

— Et j'y aurais moins cru encore, si vous m'eussiez dit tout à l'heure le nom de Monsieur; car certes ce nom n'a jamais été anglais.

— Il l'est pourtant, répondit en souriant M. la Roche, du moins en ma personne, puisque je suis né sujet de Sa Majesté Britannique, et que mon pays, de par la conquête de 1810 et les traités de 1815, est devenu une possession de l'Angleterre.

— Oh! Monsieur, m'écriai-je, je comprends maintenant pourquoi notre langue vous est si familière: vous êtes né probablement à l'île de France, et le français a dû être votre langue maternelle.

— Vous ne vous trompez pas; seulement, à l'époque de ma naissance, mon pays ne portait déjà plus ce beau et glorieux nom d'île de France, dont il était si fier; il avait été obligé de subir le nom néerlando - anglais de *Mauritius Island*, que lui ont imposé ses nouveaux maîtres; mais il n'en est pas moins resté français de cœur, comme de mœurs et de langage. C'est, du reste, ce que tu sais fort bien, continua-t-il en s'adressant à notre hôte, toi qui l'as visité plusieurs fois; aussi ne te pardonnerais-je pas, si je ne connaissais ton habitude de taquiner, même tes meilleurs amis, d'avoir voulu me faire passer aux yeux de monsieur pour un Anglais pur sang.

— Ah! mon cher, reprit vivement le Bordelais, ce n'était nullement dans l'intention de te taquiner, mais pour te donner occasion, comme tu viens de le faire, de protester en ton nom et au nom de tes compatriotes, contre les chances aveugles de la guerre et de la conquête, qui ont imposé un gouvernement étranger à un pays essentiellement français; et je suis convaincu qu'il ne reste pas dans l'esprit de notre ami le moindre doute sur les sentiments d'affection que tu concerves pour le nom français et pour l'ancienne patrie de tes pères.

— Non, Monsieur, repris-je aussitôt, n'en doutez pas un instant. Je savais depuis longtemps par ouï-dire combien était resté vivace dans votre pays le sentiment de la nationalité française; je n'avais pas lu sans une vive émotion les relations des voyageurs à ce sujet; aussi je suis heureux aujourd'hui de rencontrer un descendant de ces courageux colons qui ont fécondé les premiers ces terres lointaines, de ces hardis navigateurs qui ont porté si longtemps et si haut le pavillon français dans toutes les mers de l'Inde, et qui ont secondé si glorieusement les efforts des Labourdonnais et des Suffren, des Malartic et des Decaen, et de lui dire que je désirerais de tout mon

cœur qu'un grand nombre de Français
d'Europe fussent aussi bons Français que
le sont les habitants de l'île Maurice...

— Et de l'île de la Réunion, ajouta en
m'interrompant une petite voix de femme
qui se fit entendre à mon côté. » C'était
Mme la Roche, qui avait écouté attentivement notre conversation, et jugeait à pro-
pos d'y prendre part.

— Je suis née dans cette île, continua-
t-elle d'un ton moitié sérieux, moitié ba-
din, et je vous prie de croire qu'on y est
au moins aussi bons Français qu'à Maurice...

— Je n'en ai jamais douté, Madame,
répondis-je; seulement, si je n'ai pas parlé
de la Réunion, c'est qu'il n'était pas question de ce pays, resté français, et qui n'a
pas eu, comme Maurice, le malheur de
tomber sous une domination étrangère.
Aussi, permettez-moi, Madame, de vous

féliciter d'être née sur un sol toujours français, et de n'avoir pas à ressentir les regrets éprouvés par monsieur votre mari et ses compatriotes.

— Ah! Monsieur, reprit-elle en poussant un profond soupir, ne vous hâtez pas tant de me féliciter; une femme est obligée de suivre la condition de son mari, et je dois dire comme l'épouse d'Horace dans la tragédie de Corneille : *Je suis romaine, hélas! puisque Horace est...* Non, je veux dire: *Je suis Anglaise, hélas! puisque Alfred est Anglais!* »

Nous nous mîmes tous à rire de cette saillie débitée d'un ton tragi-comique, et M. la Roche s'écria, en riant plus fort que les autres : « Ma femme a parfaitement raison, et je puis vous certifier qu'elle est aussi bonne Anglaise que moi.

— Nous en sommes tous persuadés, dit en intervenant la maîtresse de la maison ;

mais, Messieurs, je vous en prie, laissez là vos questions de nationalité. Cela touche presque à la politique, sujet trop sérieux pour une soirée où il serait bien temps de songer à s'égayer un peu, après les terribles émotions que nous ont causées les récits de M. la Roche. Aussi, ma bonne amie, continua-t-elle en s'adressant à sa voisine, vous devriez bien, pour nous remettre un peu de ces émotions, nous chanter une de ces chansons créoles dont je raffole, et que vous chantez si bien. »

Il est inutile de dire que chacun joignit ses instances à celles de la dame de céans. Du reste, Mme la Roche ne se fit pas longtemps prier. Elle se mit au piano, et chanta, en s'accompagnant, une charmante petite romance créole, qui fut fort applaudie.

A partir de ce moment, le reste de la soirée se passa, comme d'habitude, en jeux,

en conversations plus ou moins bruyantes,
en morceaux de musique exécutés par des
amateurs des deux sexes, enfin à toutes ces
banalités qui font passer quelques heures
plus ou moins agréablement.

Je n'ai parlé de cette soirée, dont je n'aurais pas conservé plus de souvenir que de
beaucoup d'autres, que parce qu'elle me
donna l'occasion de faire la connaissance
de M. la Roche, connaissance que j'ai
cultivée depuis, et qui est devenue une
bonne et solide amitié.

M. la Roche est une de ces natures sym-
pathiques vers lesquelles on se sent attiré
comme par un effet magnétique. Je le re-
vis plusieurs fois chez notre ami commun,
l'armateur bordelais, et dès la seconde en-
trevue nous nous trouvâmes liés comme de
vieilles connaissances. Il me présenta ses
deux enfants, âgés de huit et dix ans, qu'il
amenait en France pour faire leur éduca-

tion. Il me consulta sur les meilleurs pen-
sionnats que je pourrais connaître à Paris,
en me disant que notre armateur lui avait
conseillé de s'en rapporter à moi sur ce
sujet, comme étant plus capable que lui-
même de le diriger dans un pareil choix.
Je tins à honneur de justifier la confiance
des deux amis ; quelques jours après, nous
partîmes ensemble pour Paris, et je con-
duisis M. et Mme la Roche dans la maison
d'éducation dirigée par M. l'abbé N***. On
fut bientôt d'accord ; les deux petits créoles
entrèrent dans l'institution N*** en qualité
de pensionnaires. Le père et la mère, après
un séjour de six mois à Paris, pour s'assurer si leurs enfants s'accoutumeraient à
leur nouveau genre de vie, partirent en me
chargeant de veiller sur leurs fils, et de
vouloir bien être leur correspondant.

Pendant le séjour de M. la Roche à
Paris, nous nous étions vus presque tous

les jours, et depuis son départ nous sommes restés en relations suivies. Dans nos entretiens journaliers, la conversation roulait presque toujours sur son pays et sur sa famille. Je l'écoutais avec le plus vif intérêt me raconter l'histoire des premiers établissements des Français dans les îles de la mer des Indes, et les aventures de deux de ses ancêtres qui faisaient partie de ces premiers colons. Ce n'était pas simplement pour satisfaire ma curiosité qu'il me faisait ces récits ; il désirait que j'entretinsse souvent ses enfants de ce qui avait fait le sujet de nos conversations, « afin, me disait-il, de conserver en eux l'amour de leur terre natale et l'affection qu'ils devaient à leurs familles paternelle et maternelle, dont l'histoire se confond avec celle de leur pays. »

C'est dans ce but qu'il me laissa en partant des notes manuscrites. A l'aide de ces notes et des souvenirs de nos conversations, j'ai rédigé ce petit écrit, d'abord uniquement destiné aux fils de M. la Roche; puis, sur les instances de plusieurs personnes à qui je l'avais communiqué, et après en avoir obtenu la permission de mon ami, je me suis décidé à le publier, dans l'espoir qu'il serait lu aussi avec intérêt, non-seulement par les jeunes créoles de la Réunion et de Maurice, mais aussi par toute la jeunesse de la mère-patrie.

CHAPITRE II

Le sergent François la Roche. — Les premiers habitants de Bourbon (1).

Les Portugais, après avoir doublé le cap de Bonne-Espérance, et s'être ouvert une nouvelle route pour aller aux Indes, découvrirent la plupart des îles situées dans l'océan Indien; mais comme elles étaient presque toutes désertes, à l'exception de la grande île de Madagascar, ils dédaignèrent d'y former des établissements, ne songeant qu'à conserver et à étendre les riches possessions qu'ils avaient conquises sur les côtes de Malabar, de Coromandel, et jusqu'à Malacca. Au commencement du

(1) Nous ferons observer que nous mettons ce récit dans la bouche de M. la Roche.

xviie siècle, les Hollandais vinrent faire
aux Portugais une concurrence redoutable
dans les Indes; ils ne se contentèrent pas de
fonder de puissants établissements à Ceylan,
à Java, à Sumatra, au cap de Bonne-Espérance; ils occupèrent plusieurs points
moins importants négligés par leurs rivaux,
entre autres une des îles découvertes par
le navigateur portugais Mascarenhas, qui
lui avait donné le nom de *Cerne,* et que les
Hollandais nommèrent Maurice, du nom de
leur stathouder.

Bientôt un autre peuple navigateur non
moins entreprenant et plus puissant que
les deux autres, voulut entrer aussi en par-
tage du commerce de l'Inde. Les Anglais,
après différentes tentatives pour se fixer
dans le grand archipel Indien, finirent par
fonder au Bengale et sur la côte de Coromandel, des établissements qui devaient
être un jour les capitales du puissant

empire qu'ils possèdent dans ces con-
trées.

La France, quoiqu'elle se fût laissé de-
vancer par les autres peuples dans la carrière des découvertes et du développement
maritimes, n'était pas cependant restée in-
sensible à ce mouvement. Ainsi l'Inde
semble avoir occupé de bonne heure les
esprits dans les villes maritimes de la
France. Dès 1503, quelques négociants
de Rouen préparèrent une expédition destinée à chercher des débouchés au commerce français dans la mer de l'Inde.
L'entreprise échoua, et les navires qui
étaient partis ne revinrent jamais. De
nouvelles tentatives exécutées dans le
xvi° siècle et au commencement du xvii° ne
furent guère plus heureuses. Ce ne fut
qu'en 1642, à la fin du ministère du cardinal de Richelieu , qu'une compagnie
sérieuse, sous le nom de Compagnie fran-

çaise de l'Orient ou Compagnie des Indes orientales, fut fondée. Cette compagnie, sous la direction d'un capitaine de la marine marchande nommé Rigault, obtint du gouvernement le privilége exclusif, pour dix ans, de faire des expéditions pour *l'île de Madagascar et autres îles adjacentes,* avec obligation de prendre possession de ces îles au nom du roi de France.

Madagascar, île grande et fertile, parut à la compagnie devoir présenter une carrière indéfinie à l'agriculture et au commerce. Malheureusement elle n'employa que des moyens insuffisants et mal dirigés, et elle dépensa presque toutes ses ressources à vouloir fonder un établissement qui n'avait aucune chance de durée. Le petit nombre de colons qu'elle y envoya furent assaillis dès les premiers jours par une guerre incessante avec les naturels, et par des maladies causées par l'insalu-brité des côtes de cette île.

Avant d'aborder à Madagascar, l'expé-dition avait relâché à *Mascareigne* (depuis île Bourbon ou de la Réunion), et en avait pris possession au nom du roi de France; on avait bien remarqué que le climat y était salubre et le sol fertile; mais elle était déserte, et l'on ne songea guère alors à s'y fixer, quand l'imagination des colons leur représentait la grande île voisine comme une terre promise où les attendaient la richesse et le bonheur. Leur illusion, comme nous l'avons dit, ne fut pas de longue durée. Le commandant en chef de l'expédition, Pronis, après avoir vu périr une partie des Français qu'il avait amenés, quitta Manghéfia, où il s'était établi d'a-bord, pour la presqu'île de Tholongar, qu'il regardait comme moins insalubre, et il se fixa dans un endroit qu'il nomma le Fort-

Dauphin. Ce nom lui est resté, et le poste militaire et maritime qui a été désigné par lui est devenu le centre de la puissance éphémère et précaire que la France a exercée quelquefois, qu'elle a perdue ensuite, et que de temps à autre elle a voulu ressaisir dans la grande île madécasse.

Les déceptions éprouvées par les colons et la conduite tyrannique de Pronis à leur égard, excitèrent leur mécontentement. Des murmures ils en vinrent à une révolte ouverte, s'emparèrent de la personne du gouverneur, et le retinrent en prison pendant six mois. Il ne fut délivré que par l'arrivée d'un navire venant de France, et amenant des troupes et de nouveaux colons. Pronis, rendu à la liberté, se vengea des rebelles en déportant à l'île Mascareigne douze des principaux conjurés qui l'avaient tenu en prison. Ces douze hommes furent les premiers habitants de l'île Bourbon; ils ne tardèrent pas à reconnaître, comme nous le verrons bientôt, combien leur lieu d'exil était préférable au pays qu'ils venaient de quitter, et ils bénirent plus d'une fois la condamnation qu'avait prononcée contre eux leur persécuteur.

Pronis fut remplacé en 1648 par un sieur de Flacourt, un des protégés du surintendant Fouquet. Un des premiers actes du nouveau gouverneur fut de renouveler plus solennellement la prise de possession de l'île Mascareigne et de changer son nom, d'origine portugaise, en celui tout français de Bourbon. Il envoya alors aux colons exilés dans cette île quatre génisses et un taureau qui s'y multiplièrent rapidement, et furent la souche des premiers troupeaux que l'île ait nourris dans ses pâturages.

Flacourt ne fut pas plus heureux à Madagascar que son prédécesseur; sous son commandement, les hostilités des indigènes redoublèrent avec une nouvelle fureur, et aboutirent bien des fois à des massacres. Je n'entreprendrai pas de vous retracer tous les détails de cette déplorable histoire, toujours la même et souvent sanglante. Mais il est un épisode que je me garderai bien de passer sous silence, non-seulement parce qu'il serait peut-être difficile de trouver, dans des expéditions plus célèbres et qui ont une belle place dans l'histoire, un fait d'armes vraiment plus digne d'attention, mais encore parce que le héros principal de cette prouesse guerrière est précisément un de mes ancêtres, et celui qui a laissé à notre famille un nom dont il lui est permis d'être fier.

François la Roche, dont je descends en ligne directe (car c'est mon sixième aïeul), était simple sergent dans la petite garnison du Fort-Dauphin, commandée par Flacourt. Un jour, celui-ci l'avait envoyé, avec douze soldats et autant de nègres faisant partie du service du fort, dans l'intérieur de l'île, pour je ne sais quelle expédition. Après avoir rempli sa mission, la petite troupe revenait en toute hâte à la presqu'île de Tholongar, quand elle tomba au milieu d'une armée de six mille Madécasses armés de dards et de zagaies, et qui, s'approchant pour les massacrer, déjà les environnaient de toutes parts, en les accablant d'injures et en faisant retentir leur chant de guerre, véritable hurlement de bêtes féroces.

Aussitôt la Roche excite en peu de mots ses compagnons à vendre chèrement leur vie, et à mourir, s'il le faut, en braves et en chrétiens; puis, sur un signe qu'il leur fait, tous se jettent à genoux, et répondent aux chants barbares des Malgaches par l'hymne de foi et d'espérance qui sert aux chrétiens à invoquer l'inspiration d'en haut:

ils entonnent à voix haute le *Veni, creator Spiritus*. Les douze nègres et une négresse qui les accompagne, tous nouvellement chrétiens, se mettent aussi à genoux, et se recommandent à Dieu.

L'hymne achevée, les Français se demandèrent pardon les uns aux autres pour les torts qu'ils pouvaient avoir actuellement à se reprocher, s'encouragèrent à l'envi, et se mirent bravement en défense, tout en commençant leur mouvement de retraite. La Roche leur recommanda surtout beaucoup de sang-froid, et de ne tirer qu'à coup sûr, afin de ménager leurs munitions. Ils suivirent exactement ce conseil, et ceux des ennemis qui, plus impatients que les autres de verser leur sang, voulurent les serrer de trop près, payèrent de leur vie leur témérité.

Ils se battirent ainsi, en retraite, pendant cinq heures, et tuèrent plus de cin-

quante Malgaches des plus hardis, qui s'a-
vançaient des premiers, sans compter ceux
qui furent blessés en grand nombre. Ils se
servaient de leurs armes avec tant de pré-
cision et d'à-propos, que chaque coup por-
tait. Pour être plus sûrs de l'effet de leurs
armes, les meilleurs tireurs seuls étaient
chargés de faire feu; les autres ne faisaient
que charger les fusils. Leurs nègres les ai-
daient comme ils pouvaient, en jetant des
pierres aux ennemis et en leur renvoyant
les javelots ou zagaies qu'ils recevaient. La
négresse elle-même ramassait des pierres
et en remplissait son pagne, pour que ces
projectiles, tout faibles qu'ils étaient, ne
vinssent pas à manquer dans un combat
si inégal.

Au bout de cinq heures de lutte, la
poudre commençant à leur faire faute, ils
se retirèrent, le soir, sur une petite colline,
où ils passèrent la nuit. Ils n'avaient perdu

qu'un seul des leurs, Nicolas de Bonnes;
un autre parmi eux avait été blessé, mais
n'en avait pas moins continué à combattre.

Le chef des Madécasses, renonçant à
employer la force contre des hommes si
intrépides, et voulant, sans doute, non
pas leur témoigner sa générosité, mais les
prendre par ruse, leur expédia un de ses
officiers en parlementaire, et leur envoya
même une génisse et un grand bassin de
riz cuit, les plaignant, disait-il, d'avoir été
si longtemps sans boire ni manger, et d'avoir
supporté tant de fatigues.

Les Français acceptèrent ces provisions
et en usèrent, puis ils se tinrent sur leurs
gardes le reste de la nuit, et le lendemain
ils consentirent à entrer en conférence avec
le chef indigène: ce fut pour lui déclarer,
après l'avoir remercié de sa courtoisie pour
l'envoi des provisions fraîches, qu'ils étaient
encore résolus à se bien battre, et à lui

vendre leur vie le plus chèrement qu'il leur serait possible; qu'il devait donc recommander à ses gens de se retirer, s'il ne voulait pas voir le combat recommencer de nouveau, et les coups de fusil atteindre ceux qui feraient quelques pas en avant.

Le prince nègre, touché cette fois probablement d'une sincère admiration, congédia la plus grande partie de son armée, qui se retira aussitôt; puis il vint, en quelque sorte, s'excuser auprès de cette poignée de braves. C'étaient, disait-il, les langues malfaisantes des sorciers qui avaient semé dans son pays une grande quantité de sorts et de charmes, et l'avaient enivré au point de lui faire entreprendre une guerre injuste contre les chrétiens. Il voyait bien maintenant qu'ils avaient de leur côté Dieu et la justice, qui les avaient visiblement protégés, et leur avaient donné la force de se défendre hardiment contre une si grande multitude d'ennemis. Il admirait comment ils avaient eu la hardiesse de résister, vu qu'ils étaient tous jeunes gens, et qu'à peine y en avait-il un ou deux qui eussent de la barbe. « Nous avons ouï parler, ajouta-t-il, des Portugais; nous avons connu les Hollandais et les Anglais (1); mais ce ne sont point des hommes comme vous autres; car vous ne vous souciez point de votre vie, vous la méprisez, et, quoique vous ayez la mort devant les yeux, vous ne vous épouvantez pas; vous êtes autres que ces étrangers. Vous n'êtes pas des hommes, mais des lions, et quelque chose de plus. »

Après cette allocution, il les laissa aller; il y eut cependant quatre cents nègres de la troupe qui, malgré cette réconciliation achetée par tant d'héroïsme, suivirent les

____

(1). Les Portugais, les Hollandais et les Anglais avaient fait quelques tentatives à différentes époques pour se fixer à Madagascar, mais ils n'avaient pu y réussir.

Français et s'efforcèrent d'inquiéter leur marche. Mais ces efforts furent inutiles, et les onze braves soldats, accompagnés jusqu'au bout par leurs fidèles serviteurs, rentrèrent au Fort-Dauphin, où l'on commençait à désespérer de les revoir, et où l'enthousiasme qu'on leur témoigna dans un petit cercle d'amis et de camarades, n'a pas empêché l'oubli de peser jusqu'à présent de tout son poids sur les glorieux faits d'armes de leur miraculeuse retraite (1).

Le même prince nègre, nommé Dian Tseronh, qui avait paru sincèrement réconcilié avec les Français, par admiration ou par crainte, revint bientôt à ses premiers sentiments d'animosité et à ses projets de destruction. Plusieurs entreprises sérieuses

---

(1) Ce curieux et glorieux épisode de nos premières expéditions au delà du cap de Bonne-Espérance est raconté en détail dans une *Histoire de la grande île de Madagascar*, décrite en 1658 par de Flacourt, *directeur général de la Compagnie française de l'Orient.*

contre le Fort-Dauphin furent dirigées par lui et par d'autres chefs, qui réussirent quelquefois à rassembler sous leurs ordres plus de dix mille hommes. Flacourt ne résista qu'à grand'peine à ces coalitions, et à la fin, épuisé de ressources, se voyant oublié de la compagnie, il résolut d'aller en France. Après avoir confié ses pouvoirs à un lieutenant à qui il donna pour second le sergent la Roche, il s'embarqua sur un petit navire, vers la fin de 1655. Mais ce bâtiment, ou plutôt cette barque, impuissante à lutter contre les mauvais temps qui règnent ordinairement dans ces parages, le ramena au Fort-Dauphin vingt jours après son départ.

L'année suivante, le fort fut incendié par les insulaires; mais l'arrivée de deux navires appartenant au maréchal duc de la Meilleraye lui apporta quelques secours, et la facilité de retourner en Europe.

La Roche revint aussi en France avec Flacourt ; il s'y maria, et repartit bientôt pour Madagascar, avec le commandement d'un autre navire appartenant aussi au duc de la Meilleraye. Mais la colonie française de Madagascar, livrée à elle-même pendant plusieurs années, tomba de plus en plus en décadence. Un instant elle parut se relever, en 1667, à l'arrivée du marquis de Montdevergue avec dix navires, dont un de trente-six canons. Des relations d'amitié se rétablirent entre les Français et les indigènes, la paix régna, et tout paraissait en bonne voie de prospérité, quand le marquis de Montdevergue fut remplacé en 1670 par un sieur Delahaie, qui se fit reconnaître amiral avec le titre de vice-roi. Ce fut le signal d'une série de combats avec les indigènes, et de fautes multipliées de la part du nouveau gouverneur, qui ne connaissait pas le pays ; de là des désastres qui se ter-

minèrent par la ruine complète de notre
établissement, et le massacre d'une partie
des colons français. Delahaie se retira hon-
teusement du Fort-Dauphin, et passa à Su-
rate avec ses troupes. Ceux des colons qui
avaient échappé au massacre se retirèrent
dans l'île Bourbon.

Au nombre de ces derniers était la Roche
et sa famille. Ce n'était plus le jeune et
brillant sergent que nous avons vu sou-
tenir si vaillamment sa fameuse retraite *des
douze;* c'était un homme de quarante-cinq
ans environ, encore vigoureux il est vrai,
mais vieilli avant l'âge par vingt-cinq ans
de travaux, de fatigues et de combats, tant
sur mer que sur terre. Sans avoir rien perdu
de son courage, il avait moins de témérité
et plus de prudence; il ne craignait pas la
mort, mais il comprenait qu'il ne devait pas
hasarder sa vie si facilement qu'autrefois,
car maintenant de son existence dépendait

en quelque sorte celle de sa femme et de ses trois jeunes enfants.

Bourbon n'était pas pour la Roche une île inconnue, quoiqu'il ne l'eût jamais visitée. Il avait vu arriver au Fort-Dauphin, après trois ans de séjour dans cette île, les douze Français que Pronis y avait exilés. Ces hommes étaient tous bien portants et gaillards. Ils racontaient, « qu'à l'exception de la partie de l'île où il existe un volcan toujours en feu, et dont le sol est brûlé par des feux souterrains, tout le reste offrait le meilleur pays du monde, arrosé de rivières et de fontaines de tous côtés, rempli de beaux bois de toutes sortes, comme de lataniers, palmistes, bambous et autres ; fourmillant de cochons, de tortues de mer et de terre extrêmement grosses, et d'oiseaux en si grande abondance, qu'il ne faut qu'une houssine à la main pour trouver, en quelque lieu que ce soit, de quoi dîner, et avoir un fossaire (un briquet) à allumer du feu. Les coteaux sont couverts de beaux chevreaux, dont la viande est très-savoureuse (1); mais celle du porc surpasse toute sorte de nourriture en délicatesse et en bonté. Ce qui la rend si bonne, disaient les exilés, c'est que le cochon fait sa principale nourriture des grandes tortues si communes dans l'île; nous n'avons vécu pendant trois ans, ajoutaient-ils, que de cette chair de porc, sans pain, ni biscuit, ni riz; et quoique le gibier ne nous manquât pas, nous lui avons toujours préféré la viande de cochon, comme la meilleure et la plus saine. »

En effet, pendant ces trois années, ils n'avaient pas eu le moindre accès de fièvre ni la moindre indisposition, pas même de maux de tête ni de dents, quoiqu'ils n'eussent reçu pour tout vêtement, lors de leur dé-

(1) Ces chevreaux, ainsi que les cochons, provenaient de quelques animaux de ces deux espèces que les Portugais avaient déposés lors de la découverte.

portation, qu'un caleçon, un bonnet et une chemise de grosse toile. La température de l'île est si douce, qu'ils n'éprouvèrent jamais un pressant besoin de vêtements pour se garantir de l'intempérie des saisons; et en même temps le climat y est si sain, que plusieurs d'entre eux qui étaient arrivés malades dans l'île ne tardèrent pas à recouvrer la santé.

Un tableau si séduisant ne manqua pas de faire impression sur les Français de Madagascar, et, si Flacourt l'eût permis, la plus grande partie de la colonie aurait quitté le Fort-Dauphin pour aller s'établir à Bourbon. Il n'accorda l'autorisation d'aller habiter cette île qu'à un petit nombre d'hommes mariés, et à ceux des anciens exilés qui voulurent y retourner. Dix sur douze prirent ce parti, et emmenèrent avec eux des femmes malgaches, qu'ils épousèrent. Flacourt prêta, pour les transporter, un navire nommé *le Saint-Laurent :* il leur donna des bestiaux, des graines de différentes espèces, du riz, du blé, des instruments aratoires, des fusils, de la poudre, du plomb, etc. etc. Le capitaine Roger du Bourg, qui commandait ce navire, eut ordre de prendre une seconde fois, et plus solennellement encore que la première, possession de l'île au nom du roi de France.

Depuis cette époque, on n'envoya plus de nouveaux colons à Bourbon; mais la population ne laissa pas de s'augmenter par les nombreuses désertions des matelots des navires qui relâchaient dans ces parages. Plusieurs pirates qui infestaient ces mers y abordèrent aussi quelquefois, et, charmés de la vie facile et heureuse que leur offrait cet asile, ils finirent par abandonner leur vie aventureuse et ils s'y fixèrent tout à fait. Plusieurs fois enfin des malades du scorbut ou d'autres affections graves qui se trouvaient à bord de navires faisant route pour les Indes, furent débarqués dans cette île, et y furent laissés comme dans un hôpital où ils avaient quelque chance de recouvrer la santé. Presque tous guérissaient, et, une fois rétablis, ils ne songeaient plus à quitter un pays où ils avaient recouvré le bien le plus précieux de tous.

Tels étaient les éléments divers qui depuis une vingtaine d'années avaient concouru à former la population de l'île Bourbon, quand la Roche y arriva avec sa famille et les autres Français échappés aux désastres du Fort-Dauphin. Parmi ces derniers se trouvaient plusieurs missionnaires de la congrégation de Saint-Vincent-de-Paul.

CHAPITRE III

L'âge d'or de l'île Bourbon. — Expédition projetée de
Duquesne. — Expédition de l'*Hirondelle*.

Ce dernier renfort de colons contribua
non-seulement à accroître la population de
l'île Bourbon, mais à l'épurer. La plupart
des premiers habitants étaient morts, et
ceux qui survivaient étaient arrivés à cet
âge où s'éteignent les passions de la jeunesse. Leurs enfants avaient grandi igno-
rant, au milieu d'une riche nature qui four-
nissait amplement à tous leurs besoins, les
instincts de cupidité et d'avarice qui avaient
été si longtemps le seul mobile de la conduite de leurs pères.

Tous les colons, jeunes et vieux, accueil-
lirent avec empressement les nouveaux
venus échappés aux massacres de Mada-

gascar ; et ceux-ci, trop heureux de trouver le repos et la sécurité après tant de vicissitudes, et touchés de cette réception fraternelle, ne songèrent plus qu'à remercier Dieu de les avoir tirés des mains de leurs ennemis, et à témoigner leur reconnaissance envers leurs nouveaux concitoyens, en apportant à l'amélioration de leur commune situation tout ce qu'ils avaient de forces, d'expérience et de capacité. Ils furent puissamment aidés dans cette tâche par les prêtres de la Mission arrivés avec eux ; c'est surtout à ces pieux et courageux apôtres que fut due l'immense amélioration morale qu'on ne tarda pas à remarquer dans la masse de la population antérieure. Le levain de la parole divine apporté par les missionnaires y fermenta bientôt, et parvint à en expulser les mauvais éléments et à neutraliser les influences vicieuses qui pouvaient y être restées.

On vit alors dans l'île quelque chose de la simplicité de mœurs qu'on attribue au fabuleux âge d'or de la poésie antique; et un voyageur que le hasard aurait amené dans cet heureux coin de la terre, eût été émerveillé d'apprendre que la génération d'hommes paisibles, innocents et purs, vivant et travaillant sous ses yeux, procédait d'une race de pirates, de déserteurs et de déportés, alliés à d'humbles femmes malgaches.

Du reste, nous devons faire remarquer que l'action des missionnaires et l'exemple donné par les nouveaux venus furent puissamment secondés par la vie même d'un établissement colonial qui commence, par cette vie simple et douce, assaisonnée par le travail et tournée par la solitude vers les idées les meilleures. Oui, cette vie aux champs, sous un beau ciel, et récompensée au delà de toute espérance par les produits abondants d'une terre vierge, dut contribuer puissamment à changer les habitudes grossières ou coupables des colons primitifs : il ne leur resta plus qu'une certaine rudesse native et franche, qui n'était pas sans charmes, et une ignorance pleine de moralité. La plupart des maisons demeuraient constamment ouvertes ; et même on ne connaissait ou l'on ne voulait connaître aucun moyen de les tenir fermées : une serrure était alors un objet de curiosité. Quelques habitants mettaient leur argent dans une écaille de tortue au-dessus de leur porte. Enfin à la même époque sans doute il faut rapporter l'origine de cette espèce de proverbe, qui est conservé encore aujourd'hui dans la mémoire des vieux créoles, mais dans leur mémoire seulement: « On peut faire le tour de l'île sans avoir une piastre dans sa poche, ni louer âne ou mulet; » tant l'hospitalité des premiers colons pourvoyait de bon cœur et avec une prodigalité affectueuse à tous les besoins de l'étranger qui passait devant leur case, et venait réjouir leurs regards de la vue d'un visage nouveau !

Cet état de choses paraît s'être prolongé pendant un assez grand nombre d'années, grâce au peu d'accroissement de la population, et surtout au peu de rapports qu'elle avait avec les étrangers. La réputation de paix et de bonheur qu'offrait cette île à ses habitants s'était répandue dans toute l'Europe, et les marins de toutes les nations l'avaient surnommée *l'Eden* ou *le Paradis terrestre*.

Sur la foi d'une telle renommée, le marquis Duquesne, protestant français réfugié en Hollande par suite de la révocation de l'édit de Nantes, songea à établir à Bourbon une colonie de ses compatriotes et coreligionnaires, sous la protection des états généraux des Provinces-Unies, qui déjà possédaient l'île Maurice. Ce projet lui paraissait d'autant plus facile à exécuter qu'il croyait l'île Bourbon abandonnée par le gouvernement français, qui depuis longtemps en effet ne paraissait pas s'en occuper. En conséquence, dans le commencement de l'année 1690, il prépara à Amsterdam l'armement de deux gros vaisseaux, annonçant qu'il y recevrait gratis tous les protestants français réfugiés pour cause de religion, et qu'il les transporterait à l'île Mascareigne (Bourbon). En même temps, pour les engager à répondre à cette invitation, il publia la description de cette ile telle qu'elle était alors, et des avantages qu'elle offrait aux émigrants. Voici quelques passages de cette publication ; à part quelques exagérations insignifiantes, elle offre des détails assez exacts, et qui font connaître l'état de Bourbon à cette époque :

« Cette île fut premièrement nommée *Mascarenhas* par les Portugais, qui en prirent possession, sous leur roi Jean IV, l'an 1545. M. de Flacourt y planta l'étendard de France cent huit ans après, au nom de Louis XIV, présentement régnant, et lui donna l'illustre nom de *Bourbon*. Il posa les armes de France sur le monument même où il trouva celles du Portugal.

« Je crois que les Français ont comme abandonné cette petite île. D'autres qui y sont descendus depuis l'ont trouvée si excellente et si belle, qu'ils l'ont regardée comme un petit paradis terrestre, et qu'ils lui ont donné le beau nom d'*Eden*, c'est-à-dire *pays de délices*.

« Il est certain que l'île d'Eden est d'une étendue suffisante pour contenir aisément une longue suite de générations de quelque colonie qui s'y voudrait établir.

« Les voyageurs ne nous ont parlé d'aucun pays où l'air soit plus sain qu'il l'est dans cette île, ce qui est un article très-important. On sait que quantité de malades y sont descendus, et s'y sont parfaitement rétablis en peu de temps. On a le même témoignage de ceux qui y ont fait du séjour, encore que divers secours et commodités ordinaires leur aient manqué, et qu'ils aient été trop exposés tantôt au soleil et tantôt au serein. Le ciel en est pur, et les exhalaisons de la terre, ainsi que des plantes et des fleurs aromatiques dont elle est couverte, en parfument l'air, et y font respirer un esprit de baume qui n'est pas moins salutaire qu'il est agréable.

« Cette charmante île, qui est entre le 21ᵉ et le 22ᵉ degré de latitude, a cet avantage commun avec la plupart des autres pays qui ne sont pas éloignés de la ligne, que la chaleur en est tempérée par de certains vents frais et réglés que la Providence, toujours admirable, a disposés pour rendre ces pays commodément habitables.

« C'est une des singularités de cette île, que la quantité de fontaines que l'on y rencontre. L'eau en est pure et saine, et quelques-unes sont purgatives. De ces sources naissent des ruisseaux, et même de petites rivières qui arrosent toutes les plaines, et qui sont si poissonneuses, que quelques voyageurs ont assuré que *la quantité du poisson fait chanceler ceux qui passent ces rivières à gué.*

« Il n'y a aucun animal venimeux, ni dans l'eau ni sur terre, au lieu que tous les autres pays chauds sont pleins de serpents et d'autres telles sortes de bêtes dont la piqûre ou la morsure est dangereuse et même mortelle. On assure la même chose des plantes et des fruits.

« Je ne dirai rien du coquillage admirable dont les bords de la mer sont remplis, ni du corail et de l'ambre gris qu'on y trouve, quoique cela ait son utilité. Mais je dirai que la mer est fort poissonneuse, et que les seules tortues qu'elle fournit sont une nourriture abondante et délicieuse. Les tortues de terre sont aussi une des richesses de l'île, car il y en a quantité; la chair en est très-délicate; et la graisse l'emporte sur le beurre et sur la meilleure huile pour toutes sortes de sauces. Il y a des tortues de mer qui pèsent plus de cinq cents livres; celles de terre ne sont pas de cette grosseur, mais les grandes portent plus aisément un homme qu'un homme ne pourrait les porter (1).

« Les forêts ne sont pas si épaisses qu'on ne les puisse traverser aisément, et l'ombrage n'empêche pas que les fruits n'y mû-

(1) La consommation et l'exportation considérable qui s'est faite de tortues, les a fait depuis longtemps disparaître de l'île Bourbon. Il faut aller maintenant s'en approvisionner aux Séchelles, à Rodrigues et à Madagascar; mais elles commencent aussi à devenir très-rare s dans ces parages.

rissent. » Suit une longue énumération des arbres forestiers, d'agrément, fruitiers, que produit l'île; des différents autres végétaux qui y croissent spontanément, et de ceux qu'il est facile d'y acclimater. Puis il parle de la multiplication extraordinaire des animaux domestiques qu'on y a introduits, et des nombreuses variétés d'oiseaux qu'on y a trouvées. A côté de ce tableau séduisant, il montre les seuls *inconvénients* qui se trouvent dans cette île, et qui, selon lui, se réduisent à quatre : 1° une espèce de moineaux extrêmement nombreux, qui viennent par gros nuages, s'abattent sur les champs récemment cultivés, et enlèvent les grains qu'on y a semés (1); 2° des chenilles qui dévorent les feuilles des arbres fruitiers, et souvent les font périr; 5° des mouches ou moucherons (probablement des

____

(1) C'est l'oiseau appelé *cardinal* dont il veut parler, et dont l'espèce a aussi beaucoup diminué.

moustiques) qui sont parfois excessive-
ment incommodes; 4° enfin, le fleau le
plus terrible sont les ouragans. « Mais,
dit-il, ces terribles orages n'arrivent qu'une
fois par an, précisément dans la même saison, et ne durent guère que vingt-quatre
heures. Ainsi, pour un mauvais jour, il y
en a trois cent soixante-quatre qui sont
admirablement beaux, et cette pensée est
consolante. Les gens sages, ajoute-t-il,
ceux particulièrement qui ont un peu vécu
et un peu voyagé, savent qu'il ne se faut
attendre à aucune félicité parfaite en ce
monde, ni sous la ligne ni sous les pôles.
Tout a son pour et son contre, et le meilleur n'est que le moins mauvais. »

Après ces réflexions philosophiques, Duquesne conclut ainsi en s'adressant à ceux
qu'il engage à l'accompagner : « Ce qu'il y
a donc à faire, en cette occasion comme
en toute autre, c'est de prendre la balance,

et de peser les choses avant que de se dé-
terminer. Si quelques inconvénients de
notre Éden vous font de la peine, mettez
dans un des bassins de votre balance les
chenilles, les mouches et les moineaux de
cette île, avec un ouragan par an; et joi-
gnez la santé, la liberté, la sûreté, l'abondance et la tranquillité. Dans l'autre bassin, pour contre-peser les trois espèces de
petits animaux importuns que nous avons
nommés, mettez toutes les étranges bêtes
que notre célèbre Molière appelle des Har-
pagons, des Grapignands, des Purgons,
des Macrotons, des Mascarilles et des So-
tenvilles; ajoutez à cela des *rats de cave* et
des *rats de grenier* (1), l'esclavage, la pau-
vreté, les alarmes et mille misères; et,
après cela, levez la balance. »

Un grand nombre de réfugiés répondirent
à l'appel de Duquesne, « bien résolus que

(1) La gabelle et l'impôt sur la boisson.

nous étions, dit l'un d'eux (1), d'aller finir nos jours loin des embarras du monde, dans cette nouvelle terre promise, si nous y trouvions seulement une bonne partie des choses que l'on disait. »

L'armement des deux navires était terminé, on était prêt à mettre à la voile et l'on n'attendait plus que le vent favorable, quand on apprit qu'une flotte française composée de sept vaisseaux se dirigeait vers ces parages. Duquesne se vit alors forcé de suspendre l'exécution de son projet, mais il ne l'abandonna pas. Il arma une petite frégate, dont il donna le commandement au sieur Valleau, natif de l'île de Ré, en le chargeant d'aller à la découverte sur les traces de l'escadre française, et de prendre possession de l'île Mascareigne au nom de Duquesne, dûment autorisé par

(1) Leguat (François), dont nous parlerons tout à l'heure.

les états généraux, dans le cas où la flotte française n'y aurait pas laissé de forces suffisantes pour s'opposer à cette prise de possession ; mais, s'il trouvait des Français installés, il devait passer jusqu'à l'île de Diego-Ruys ou Rodrigues, en prendre possession, comme il est dit ci-dessus, et y laisser ceux des passagers qui voudraient y demeurer, en attendant l'arrivée de la colonie destinée pour Mascareigne, dont on s'emparerait deux ans après, avec des secours suffisants fournis par la compagnie hollandaise des Indes.

La petite frégate commandée par Valleau se nommait *l'Hirondelle*. Dix volontaires seulement, de tous ceux qui devaient faire partie de la première expédition, consentirent à s'embarquer sur ce bâtiment.

On partit du Texel le 4 septembre 1690, et après sept mois d'une pénible navigation, on arriva, le 5 avril 1691, en vue de l'île d'Éden, si longtemps désirée. « De l'endroit où nous nous arrêtâmes, dit la relation de Leguat, l'un des passagers, pour jeter les yeux pendant quelque moment sur cet admirable pays, nous en découvrîmes diverses beautés. Des montagnes s'élèvent vers le milieu; mais toute la partie de l'île qui se présentait de notre côté, nous parut être un pays presque uni, et nous pouvions aisément discerner l'agréable mélange de bois, de ruisseaux et de plaines émaillées d'une ravissante verdure. Si notre vue était parfaitement satisfaite, notre odorat ne l'était pas moins; car l'air était parfumé d'une odeur charmante qui venait de l'île... Nous fûmes tous également frappés de cette suave odeur à une certaine distance de l'île. Quelques-uns se plaignirent agréablement que ces parfums les avaient empêchés de dormir, et d'autres dirent qu'ils en avaient été si embaumés, qu'ils se sentaient rafraichis comme s'ils avaient été quinze jours à terre (1). »

Les pauvres passagers, qui se croyaient arrivés au but de leur navigation, se disposaient joyeusement à débarquer dans cette île de délices, quand le commandant de l'*Hirondelle* leur signifia qu'aux termes de ses instructions il ne les débarquerait qu'à l'île Rodrigues. Cependant il n'y avait vu ni vaisseaux français, ni apparence de la moindre opposition sur le rivage. Les passagers eurent beau se récrier, Valleau resta inflexible, et bon gré mal gré il fallut se résigner à de nouvelles fatigues pour parvenir à leur nouvelle destination, encore éloignée de cent cinquante lieues. Cette traversée dura un mois, à cause des vents contraires; un des passagers mourut du scorbut, et les

(1) *Voyage et aventures de François Leguat et de ses compagnons en deux îles désertes de la mer des Indes.* 2 vol. in-12. Amsterdam, 1708.

autres n'étaient pas moins fatigués d'une si longue navigation. Enfin, le 30 avril, on jeta l'ancre dans une petite baie de l'île Rodrigues. Cette terre, quoique moins belle et moins grande que l'île d'Éden, qu'ils n'avaient fait qu'entrevoir un mois auparavant, leur parut toutefois un petit monde rempli de charmes et de délices. Le lendemain, 1er mai, huit des passagers, dont Leguat nous a conservé les noms, descendirent à terre; et, après avoir visité toute l'île (qui n'a guère que cinq à six lieues de long sur deux de large), ils résolurent d'y rester jusqu'à l'arrivée de l'expédition annoncée par Duquesne.

Je m'interromps ici pour répondre à un reproche que peut-être plus d'un lecteur est tenté de m'adresser. Il nous semble, me dira-t-on, que nous voilà bien loin de l'histoire de votre famille que vous aviez entrepris de nous raconter. Depuis que

vous avez laissé votre aïeul, l'ex - sergent
la Roche, installé à Bourbon, vous ne nous
en avez plus parlé, et nous ne voyons pas
quel rapport peuvent avoir avec votre histoire l'expédition projetée de Duquesne, les
courses aventureuses de l'*Hirondelle*, et le
débarquement de ses huit passagers dans
la petite île déserte de Rodrigues, à cent
cinquante lieues de Maurice et de Bourbon.

Patience, cher lecteur, et vous verrez
bientôt que l'histoire des aventuriers de
Rodrigues, ou au moins de l'un d'eux, a
autant de rapport avec ma famille que l'histoire même de l'ancien sergent la Roche.
C'est ce que je me propose de vous montrer dans les chapitres suivants.

CHAPITRE IV

Les huit passagers descendus à Rodrigues étaient : François Leguat, écuyer, âgé de 52 ans, auteur de la relation de leur séjour dans cette île; — Jacques de la Case, âgé de 30 ans, fils d'un marchand de Nérac; — Isaac Boyer, âgé de 27 ans; — Jean Testard, de Saint-Quentin, âgé de 26 ans; — Jean de la Haye, de Rouen, orfévre, âgé de 25 ans; — Robert Anselin, né en Picardie, âgé de 18 ans; — Pierre Thomas, l'un des pilotes de l'*Hirondelle;* — et Paul Bannelle, âgé de 20 ans, fils d'un négociant de Metz.

Voici quelques détails intéressants sur l'installation et la manière de vivre de ces nouveaux Robinsons dans leur île.

Après l'avoir visitée avec soin, les colons choisirent, pour y élever leurs habitations, un vallon qui s'ouvre au nord-nord-ouest, et que traverse un gros ruisseau dont l'eau est bonne et belle. Cet endroit s'appelle encore aujourd'hui l'*Enfoncement de François Legual.* « Pierre Thomas, dit l'auteur, voulut habiter la petite île formée par le ruisseau. Il fit là sa cabane et son petit jardin avec un double pont. C'était un fort bon garçon ; il était le seul qui *prit du tabac en fumée;* aussi était-il matelot. Quand son tabac fut fini, il fuma des feuilles. La cabane la plus proche de l'île *Thomas* était le logement de M. de la Haye. Il était orfévre, et avait construit une forge; de sorte qu'il fut obligé de faire sa maison un peu plus grande que les autres.

« Proche de la cabane de la Haye était l'hôtel de ville, ou, si l'on veut, le rendez-vous de la république, dans lequel se tenaient les assemblées générales, dont les principales délibérations concernaient la cuisine. Cet édifice avait environ le double de grandeur des autres, et servait de logement à Robert Anselin. C'était là qu'on faisait cuire les mets, et qu'on préparait les sauces décrétées par l'assemblée; mais on allait les manger sous un grand et gros arbre situé au bord du ruisseau. Cet arbre répandait sur nous un branchage épais, et nous garantissait des rayons ardents d'un soleil tropical.

« De l'autre côté de l'eau, précisément à l'opposite de l'hôtel général, était aussi le jardin général. Il avait 50 à 60 pieds en carré, et la palissade qui l'environnait à hauteur d'homme était fort serrée , de sorte que les plus petites tortues même n'y pouvaient passer. C'était, comme on peut le penser, l'unique raison qui nous obligeait à fermer nos jardins.

Les autres cases étaient placées, de chaque côté du ruisseau, à des distances plus ou moins rapprochées, et suivant le goût et la convenance des habitants. Ces cabanes avaient douze à quinze pieds carrés, plus ou moins, au gré des bâtisseurs. Les murs en étaient faits avec des troncs de lataniers, et les grandes feuilles de ce même arbre servaient à couvrir les toits.

« Quand nous eûmes achevé de préparer ces petites habitations, continue l'auteur, le capitaine , qui avait demeuré quinze jours à la rade, leva l'ancre, après nous avoir laissé la plus grande partie de ce qui nous avait été destiné, c'est-à-dire du biscuit, des armes, de la poudre et du plomb, des ustensiles d'agriculture, de ménage et de pêche, des outils, etc. Outre cela, chacun avait ses provisions particulières. Le navire parti, nous défrichâmes notre jardin, et nous y semâmes toutes nos graines; mais les melons, la moutarde et le pourpier seuls réussirent. Les artichauts ne produisirent qu'un méchant petit fruit; les raves furent entièrement détruites par les rers; des trois grains de froment qui levèrent, nous n'en pûmes conserver qu'une plante; elle poussa plus de deux cents tuyaux, et nous remplit d'une grande espérance; mais la plante dégénéra et ne produisit enfin qu'une espèce d'ivraie; ce qui nous affligea, comme on peut le penser, puisque nous nous vîmes privés du plaisir de manger du pain...

« Nos occupations, pendant le séjour que nous avons fait dans cette île, n'étaient pas fort importantes, comme on peut bien se l'imaginer ; mais encore fallait-il faire quelque chose. L'entretien de nos cabanes et la culture de nos jardins occupaient une partie de notre temps, la promenade en faisait une autre. Il n'y a ni hautes montagnes ni coteaux dénués de verdure, quoiqu'ils soient fort remplis de rochers. Le fond, qui est de roc, est couvert de deux à quatre pieds de terre végétale; et entre les endroits où il ne paraît pas du tout de terre, il ne laisse pas de croître des arbres extrêmement gros, grands et droits. De loin, cela donne une idée plus avantageuse de l'île qu'elle ne mérite, parce qu'on la croit composée universellement d'un terrain excellent. On peut aller partout aisément, puisqu'il n'y a point ou qu'il n'y a que très-peu d'endroits qui ne soient de facile accès, et qu'on rencontre partout de quoi manger et boire. Le gibier est abondant; dès que nous frappions sur un arbre ou que nous poussions de grands cris, les oiseaux accouraient de toutes parts autour de nous. Alors la Providence nous disait : *Tue et mange*, et nous n'avions qu'à battre le fusil et à faire du feu pour faire grande chère. On trouve aussi partout des tortues, et l'air est si doux, qu'on peut coucher sans crainte à la belle étoile...

« Nous avions tous les jours nos exercices de dévotion réglés; le dimanche nous faisions à peu près ce qui se pratiquait dans nos églises de France (il ne faut pas oublier que nos colons étaient calvinistes), parce que nous avions la Bible entière, nos saints cantiques, un commentaire sur tout le Nouveau Testament, et plusieurs sermons de la vieille roche, qui étaient des discours raisonnables. (Ceci paraît une critique adressée aux ministres protestants de son temps.)

« Outre ces grandes promenades ou ces petits voyages dont j'ai parlé, nous ne manquions guère de prendre, au soir, le plaisir de petites promenades voisines. Nous en avions une entre autres sur le bord de la mer, à la gauche de notre ruisseau, qui était parfaitement belle. C'était une avenue naturelle, droite comme si elle avait été plantée au cordeau, parallèle à la mer, et longue d'environ douze cents pas. D'un côté nous avions, dans ce bel endroit, la vue de la vaste étendue de la mer, dont le flux et le reflux venant à se rompre contre les brisants qui étaient à une lieue de là, faisaient un murmure confus qui nous jetait parfois dans une rêverie à laquelle nous nous abandonnions d'autant plus volontiers, que nous avions peu de choses à nous dire ; de l'autre côté, de charmantes collines bornaient agréablement la vue, et les vallées, qui s'étendaient jusqu'à nous, étaient comme un beau verger dans la plus douce et la plus riche saison de l'automne.

« Nous jouions quelquefois aux échecs, au trictrac, aux dames, à la boule et aux quilles. La chasse et la pêche étaient un peu trop aisées pour y prendre un fort grand plaisir. Nous en trouvons quelquefois à instruire des perroquets ; nous en portâmes un à l'île Maurice qui parlait français et flamand. Et si l'on veut savoir par quel moyen nous chassions les ténèbres quand nous en avions envie, j'ajouterai que nous avions apporté des lampes, et que nous en faisions bon usage avec de l'huile ou graisse de tortue, qui ne se fige jamais. Nous nous servions de fusils ou briquets, mais plus souvent encore de verres ardents pour allumer du feu.

« Puisque nous avions chair et poisson

à notre choix et en abondance, du rôti,
du bouilli, des soupes, des ragoûts, des
herbes, des racines, d'excellents melons
avec d'autres fruits, du bon vin de palme,
et de l'eau douce et pure, le lecteur n'a
pas eu peur sans doute de voir mourir
de faim les pauvres aventuriers de Rodrigues. Mais, puisqu'il a assez de bonté pour
s'intéresser à leur extraordinaire état, je
lui dirai plus, et je l'assurerai qu'ils faisaient une chère admirable, sans dégoût,
sans indigestion, sans aucune sorte de
maladie, grâce au Seigneur, et sans pain.
Le capitaine leur avait laissé deux grands
barils de biscuit: mais ils ne s'en servaient
que rarement, pour faire des potages, et
souvent ils n'y pensaient pas... »

Ce qui contribua enfin à rendre leur existence plus agréable au milieu de cette pro-
fonde solitude, c'est que le plus parfait
accord régna toujours entre eux. Aucun

n'avait la prétention d'être le chef et de commander aux autres ; mais il y avait entre eux des déférences mutuelles et des égards pour l'âge, l'expérience ou les connaissances spéciales que chacun d'eux pouvait posséder. Du reste, à l'exception de Pierre Thomas et de Robert Anselin, *gens de petite fortune*, comme dit Leguat, tous les autres appartenaient à des familles honorables et avaient reçu une bonne éducation. Ce n'était pas la misère qui les avait chassés d'Europe, « mais comme cette île d'Eden et la colonie que voulait y fonder M. Duquesne faisaient beaucoup de bruit, qu'ils étaient jeunes, sains et gaillards, sans aucuns liens ni de famille ni d'affaires, l'envie les prit de faire ce voyage. »

L'auteur trace ensuite le portrait de ses compagnons ; je ne parlerai, et pour cause, que de celui de Paul Bennelle. « Nous l'aimions tous beaucoup, dit-il, à cause des bonnes qualités dont il était orné. Je remarquais avec plaisir dans ce jeune homme un esprit également droit, honnête, doux et vif tout ensemble. Les études qu'il avait faites lui donnaient des lumières que tous n'avaient pas; et c'est principalement à son génie inventif et à son adresse que nous devons la construction du rare vaisseau dont il sera parlé dans la suite, ainsi que la manufacture des chapeaux de feuilles de latanier, qui nous ont procuré de grandes consolations pendant notre exil sur nos rochers de l'île Maurice.»

Un peu plus d'un an s'était écoulé lorsque les huit habitants de Rodrigues, étonnés de ne voir paraître aucun navire, commencèrent à s'ennuyer. Quelques-uns d'entre eux regrettèrent la perte de leur jeunesse, et s'affligèrent à la pensée d'être obligés de passer les plus beaux de leurs jours dans cette étrange solitude, séparés peut-être pour jamais du reste du monde, et condamnés à consumer leur vie dans une énervante fainéantise. Après de longues et sérieuses délibérations, il fut unanimement conclu qu'après avoir attendu deux ans entiers des nouvelles de M. Duquesne, on mettrait tout en œuvre pour tâcher d'aller à l'île Maurice, qui appartenait alors aux Hollandais, et où l'on trouverait facilement des bâtiments pour n'importe quelle destination. Cent cinquante lieues environ les séparaient de cette île : distance énorme pour des hommes dépourvus de tout moyen de transport en vue d'un si long voyage; mais comme on savait que des vents réguliers soufflaient presque constamment dans cette direction (vents alizés), il fut arrêté qu'on travaillerait incessamment à construire une barque du mieux qu'on pourrait, et que, s'il y avait quelque apparence qu'elle pût servir, « on tenterait de faire le trajet dans cette petite arche, après avoir imploré l'assistance de celui qui commande aux vents et à la mer. »

Quoique dépourvus des outils et de la plus grande partie des matériaux nécessaires à l'exécution de ce projet, nos aventuriers, qui faisaient en outre leur apprentissage de constructeurs, parvinrent, à force de patience et de zèle, à terminer une grande barque de vingt-deux pieds de quille. Le jour du départ fut fixé au samedi 19 avril 1695. Après avoir écrit en abrégé l'histoire de leur arrivée et de leur séjour dans l'île, et l'avoir placée dans une fiole au fond d'une niche creusée dans le trou d'un gros arbre, Leguat et ses compagnons montèrent dans leur barque, sans autre moyen de s'orienter qu'une de ces petites boussoles de pacotille ou de poche qui servent de montre solaire, et qui avait coûté trois sous à Amsterdam. A peine étaient-ils à une lieue du rivage, que leur barque, mal dirigée, toucha sur les brisants dont l'île est entourée, et finit par se remplir d'eau. Après avoir couru les plus grands dangers, nos aventuriers réussirent à regagner la terre, non sans avoir essuyé de très-grandes fatigues. « Chacun perdit quelque chose dans ce naufrage, dit Leguat, et les hardes furent généralement gâtées; mais nos vies ayant été conservées comme par miracle, nous en rendîmes nos très-humbles actions de grâces au bon et puissant protecteur qui nous avait accordé son secours. »

Cependant Isaac Boyer ne résista pas à la fatigue excessive qu'il avait éprouvée; dès qu'il eut atteint le rivage, il se sentit incommodé, et son mal empira en trois à quatre jours au point que ses compagnons désespérèrent de le conserver.

Enfin, après trois semaines de souffrances, il expira le 8 mai, âgé d'environ 29 ans. « Ainsi mourut, dit Leguat , Isaac Boyer, la huitième partie des rois et des habitants de l'île Rodrigues. » .

« Le deuil que nous eûmes de la privation d'un ami qui nous était cher et nécessaire, continue notre auteur, non plus que le mauvais succès de la première entreprise, n'empêcha pas qu'on ne songeât encore à sortir de l'île. » Les plus jeunes de la troupe étaient les plus résolus à tenter de nouveau la fortune. Enfin, après une longue délibération, il fut décidé qu'on partirait à la pleine lune prochaine. On prépara donc les choses nécessaires au voyage, et la chaloupe ayant été radoubée, on mit en mer le 24 mai 1695. Leur traversée dura huit jours, pendant lesquels ils furent assaillis par une tempête qui les tint longtemps entre la vie et la mort, et leur fit craindre de s'être écartés de leur route (1).

Enfin, le ciel s'étant éclairci, et le vent calmé, nos aventuriers aperçurent la terre. C'était l'île Maurice. Sur les cinq heures du soir, le 29 mai, ils entrèrent dans une petite baie, et remontèrent, grâce à la marée, une assez jolie rivière, jusqu'à un endroit agréable, au pied d'un coteau tout couvert de grands arbres. « Nous étions si étourdis du bateau, dit Leguat, que nous chancelions comme des gens ivres, et que nous nous laissions tomber même,

(1) L'île Rodrigues, après le départ de Leguat et de ses compagnons, resta en quelque sorte oubliée jusqu'en 1725, que le conseil supérieur de l'île Bourbon décida qu'on en prendrait possession au nom du roi de France et de la Compagnie des Indes; mais ce ne fut que vers 1760 qu'on y forma un petit établissement destiné à *récolter* les tortues et à en faire des amas pour être envoyés à Bourbon et à l'île de France. L'année suivante (1761) elle tomba au pouvoir des Anglais, qui la rendirent à la paix. Depuis cette époque, il s'y est établi une petite colonie française qui compte aujourd'hui une population d'environ deux à trois cents personnes. Elle est une dépendance de l'île Maurice.

sans pouvoir résister à nos espèces de vertiges. Mais un bon sommeil, avec quelques rafraîchissements que la chasse nous fournit sans beaucoup de peine, nous rétablit parfaitement en deux à trois jours. Ainsi nous sauvâmes-nous du désert de Rodrigues, et des grands dangers d'un terrible orage. Mais hélas! notre nouvelle île ne nous fut point un port de salut, et nous n'échappâmes des premiers abimes que pour tomber dans un autre.... »

L'île Maurice était à cette époque encore presque déserte, et les Hollandais, qui s'en étaient emparés, n'entretenaient qu'une garnison d'environ cinquante hommes dans ce qu'ils appelaient le fort Frédéric-Henri (aujourd'hui le Grand-Port); trente à quarante familles hollandaises au plus étaient dispersées dans le reste de l'île.

Nos aventuriers étaient probablement débarqués à la rivière des Citronniers;

s'étant reposés, ils remontèrent sur leur barque et côtoyèrent l'île, en cherchant quelque endroit habité. Après cinq ou six stations sur la côte, où ils allaient toujours coucher, ils arrivèrent enfin à la rivière Noire, où ils trouvèrent trois ou quatre cabanes habitées par quelques familles hollandaises. C'étaient les premiers êtres humains qu'ils rencontraient depuis plus de deux ans. Ces bonnes gens leur firent un excellent accueil, et comme nos voyageurs avaient tous séjourné plus ou moins longtemps dans les Provinces-Unies, ils parlaient avec assez de facilité la langue hollandaise, et par conséquent il leur fut facile d'entrer en relation avec leurs hôtes.

Les habitations de ces colons étaient situées dans une belle et fertile vallée sur les bords de la rivière Noire. Ils avaient défriché autant de terres qu'ils avaient pu en mettre en culture; ils avaient dans leurs jardins la plupart de nos plantes d'Europe, aussi bien que celles des Indes, et ils cultivaient beaucoup de tabac. Les nouveaux venus éprouvèrent une vive jouissance à la vue des basses-cours remplies de volailles européennes, et surtout de belles vaches qui paissaient dans les prairies voisines. Il faut avoir été longtemps, comme eux, privé de l'aspect de ces objets familiers à notre enfance, pour comprendre le plaisir qu'ils ressentirent.

Après un mois de séjour sur les bords de la rivière Noire, cinq de nos aventuriers partirent pour aller donner avis de leur arrivée au gouverneur, qui demeurait au sud-est de l'île, dans le fort nommé Frédéric-Henri (1), dans le quartier du Grand-Port. Mais à peine ces députés s'étaient-ils

---

(1) Ce fort était armé de 20 pièces de canon, et gardé par 50 soldats ; il renfermait la maison du gouverneur, appelée *la Loge*, les magasins, et autres bâtiments de la Compagnie.

mis en route, que le gouverneur arriva à la rivière Noire, en faisant le tour de l'île, comme il avait coutume de le faire tous les ans. Leguat et Bennelle, qui étaient restés, allèrent aussitôt le trouver, lui racontèrent leur histoire, et lui demandèrent sa protection pour eux et leurs compagnons. Il la leur promit facilement, et leur fit l'accueil le plus gracieux. Il les engagea à se rendre à Nord-Ouest-Haven (Port-Nord-Ouest, aujourd'hui Port-Louis), où ils trouveraient une ancre qu'il y ferait transporter, afin de faciliter leur navigation jusqu'à la *Loge* (c'était ainsi que se nommait la résidence du gouverneur); ajoutant obligeamment que rien ne leur manquerait, et qu'une fois arrivés au Grand-Port ils pourraient attendre tranquillement l'arrivée d'un vaisseau qui les transporterait en Europe.

« Sur ces bonnes paroles, qu'il réitéra plusieurs fois, dit Leguat, nous partîmes de la rivière Noire, où nos cinq camarades nous avaient rejoints, et nous arrivâmes heureusement au Port-Nord-Ouest. Comme pour prélude des malheurs qui devaient nous arriver, nous ne trouvâmes point l'ancre que le commandant nous avait promis d'y envoyer, et l'on ne nous donna pas même les instructions qui nous auraient été indispensables pour continuer notre voyage par mer jusqu'à la Loge; on nous dit, au contraire, que nous n'avions d'autre moyen de nous y rendre qu'à pied, et en portant nos hardes et effets jusqu'au petit hameau de Flacq (1), où est le jardin de la Compagnie, à huit lieues de là. Comme c'était un faire-le-faut, nous prîmes bientôt notre résolution, et nous transportâmes notre

____

(1) Ce nom, qui est encore celui d'un des quartiers de Maurice, fut donné par les Hollandais à cette partie de l'île pour désigner sa surface plane. Ils y avaient le jardin de la Compagnie et leur cimetière, situés dans la partie où se trouve maintenant l'habitation Potier.

bagage en sept ou huit voyages fort fatigants, en traversant des forêts sans route, où nous nous égarions quelquefois. »

Arrivés à la Loge, nos pauvres exilés trouvèrent un accueil bien différent de celui qu'on leur avait promis. Le commandant fit d'abord entrer au service de la Compagnie, moitié de gré, moitié de force, Pierre Thomas, le marin, et Robert Anselin, paysan picard. Quant aux cinq qui restaient, il les logea, ou plutôt les enferma dans une hutte, d'où ils ne pouvaient s'éloigner que de quelques centaines de pas; il ne leur donnait qu'une mauvaise et chétive nourriture. En même temps il s'était emparé de leur barque, restée au Port-Nord-Ouest, l'avait fait brûler après avoir eu soin d'en ôter les voiles, faites de bonne toile de Flandre, qu'il donna à ses gens pour s'en faire des vêtements.

Ces indignes traitements révoltèrent les

malheureux Français. Deux d'entre eux, la Caze et Testard, résolurent de s'y soustraire en s'emparant d'une chaloupe de la Compagnie, avec laquelle ils auraient tenté de gagner l'île Bourbon, qui n'est éloignée que de vingt-cinq à trente lieues. Ce trajet ne paraissait qu'une bagatelle pour des gens qui avaient fait la traversée de Rodrigues à Maurice. Mais leur projet fut découvert, et le commandant, furieux, jeta en prison les cinq Français, malgré l'aveu de la Caze et de Testard, qui se déclarèrent seuls coupables, et les protestations des trois autres. Quelques jours après, il leur fit enlever leurs armes, leur argent, leurs instruments d'agriculture, et généralement tous leurs effets, ne leur laissant que leurs vêtements, un peu de linge de corps et quelques objets de literie ; puis il les fit transporter dans un des petits îlots déserts qui bordent la côte à des distances plus ou moins éloignées.

« C'était, dit Leguat, un rocher tout sec et affreux, de deux cents pas de long et de cent de large, à deux lieues de terre, où il était presque impossible de marcher, parce que l'on ne pouvait poser les pieds que dans des trous ou sur des pointes aiguës... On nous planta là dans une méchante cabane bâtie sur une hauteur, tout proche des brisants, à deux pas de la mer quand elle était pleine, et justement dans la saison des ouragans. Cette loge demi-ruinée, et qu'il nous était impossible de réparer, tout nous manquant pour le faire, avait déjà servi de prison à des criminels qui quelques années auparavant y avaient été relégués. »

Ce rocher fait partie du groupe des petites îles Mariannes, situées au N.-E. de l'île de la Passe, à l'entrée du Grand-Port, ou Port-Nord-Est de l'île Maurice. Leur persécuteur les laissa près de trois ans sur ce rocher, en proie à l'intempérie des saisons, à la misère et souvent à la faim; car il ne leur envoyait pas régulièrement les modiques rations de vivres qu'il daignait leur accorder. Quelquefois, à mer basse, on pouvait passer de leur rocher à deux petits îlots voisins, où croissaient quelques lataniers. Bennelle, qui était ingénieux et adroit, s'avisa de faire des chapeaux de feuilles de latanier. Cette occupation servit à désennuyer un peu les prisonniers, et à leur procurer quelques soulagements; car ceux qui étaient chargés de leur apporter leurs vivres trouvèrent ces chapeaux si jolis, que les prisonniers gagnèrent leur affection en leur faisant présent de quelques-uns. « Et quand les habitants des colonies de l'île virent ces petits ouvrages, ils les trouvèrent aussi tellement à leur gré, que plusieurs de ceux à qui nous en donnâmes nous envoyèrent en reconnaissance, à l'insu du gouverneur, divers rafraichissements qui nous furent de grande utilité. »

Enfin, le 6 septembre 1696, un vaisseau de la Compagnie des Indes les transporta à Batavia, pour être jugés de leur crime imaginaire. Ils furent acquittés, mis en liberté, mais sans pouvoir recouvrer tout ce qu'on leur avait volé à Maurice.

Quatre seulement des prisonniers furent conduits à Batavia. Le cinquième, las de sa longue captivité sur le rocher des Mariannes, avait tenté de s'échapper. Ses compagnons n'en entendirent plus parler, et le crurent mort; il n'en était rien cependant, et nous allons voir dans le chapitre suivant ce qu'il était devenu.

CHAPITRE V

Paul Bennelle, dont Leguat signale en plusieurs endroits de son livre le génie inventif et l'adresse, ne pouvant plus supporter le séjour des îles Mariannes, résolut de s'affranchir à tout prix de la tyrannie du gouverneur. Il fit part à ses amis de son projet et des moyens qu'il avait imaginés pour le mettre à exécution. Il voulait seulement, disait-il, gagner la grande île et vivre dans les bois, dont l'air plus salutaire rétablirait sa santé délabrée par leur séjour sur ce maudit rocher ; quand le navire qui devait les transporter à Batavia serait arrivé, il se rendrait lui-même à bord, ne voulant pas se soustraire au jugement qui devait être prononcé sur lui comme sur ses compagnons d'infortune. Ceux-ci firent tous leurs efforts pour le détourner d'une résolution si dangereuse, qui pouvait lui coûter la vie, et dans tous les cas un redoublement de rigueur dans sa captivité ; car, à supposer qu'il pût effectuer à la nage, sans perdre la vie, la traversée de leur îlot à la côte la plus voisine, ce qui était presque impossible à cause des brisants et des courants, sans compter les requins qui pullulent dans ces parages, il ne serait pas plutôt débarqué qu'il tomberait entre les mains des satellites du gouverneur, et sa condition serait pire qu'auparavant. Il valait donc mieux prendre encore patience, et attendre l'arrivée du bâtiment de Batavia. Bennelle insista ; mais ses compagnons lui déclarèrent que, regardant son entreprise comme un acte de folie, ils agiraient envers lui, s'il voulait persister, comme on agit avec un fou qui s'expose à un danger certain, et qu'ils emploieraient tous les moyens, même la force, pour l'empêcher de courir à sa perte.

Bennelle parut se rendre à leur avis, et renoncer complétement à son dessein ; mais loin de là, il travaillait dans le plus profond secret à le réaliser. Il fabriqua une espèce de canot avec des peaux d'animaux qu'il s'était procurées sous divers prétextes, par le moyen des hommes chargés d'apporter les provisions, et la nuit du samedi au dimanche 10 janvier 1696, il partit, sans rien dire à personne. Le lendemain matin, quand ses compagnons s'aperçurent de son absence, ils en furent vivement affligés. Ils trouvèrent parmi ses hardes qu'il n'avait pu emporter, deux lettres adressées, l'une à ses amis, l'autre au gouverneur. Dans la première, il expliquait en détail à ses compagnons les moyens qu'il avait employés pour s'évader de prison; il les assurait que, s'il avait le bonheur d'arriver à terre, il romprait son petit bateau, qu'il enfoncerait les peaux dans la mer sous un tas de pierres, et qu'il disposerait si bien du reste, qu'on ne pourrait jamais découvrir comment il se serait enfui du rocher, ni soupçonner ses camarades d'avoir facilité son évasion. Il ajoutait que chaque mois, le jour ou le lendemain de la pleine lune, il se rendrait sur une montagne située en face des îles Mariannes, et qu'il y ferait du feu au commencement de la nuit; que si ses amis se trouvaient encore sur leur rocher-prison, ils lui répondraient par un pareil signal; mais qu'au reste, aussitôt qu'il apercevrait quelque vaisseau, en quelque lieu de l'île que ce pût être, il tâcherait de s'y rendre secrètement.

Dans la lettre adressée au gouverneur, il déclarait que c'était lui seul qui l'avait contraint à prendre cette funeste résolution, en lui refusant opiniâtrément de le laisser aller à terre pour tâcher de rétablir sa santé.

Depuis ce moment, on n'entendit plus parler de Bennelle, quelques recherches que ses amis aient faites pour en avoir des nouvelles. Ils n'aperçurent jamais les signaux qui devaient leur annoncer sa présence dans l'île; aucun habitant de Maurice ne l'avait rencontré, et d'après ces indices ils conjecturèrent que le pauvre jeune homme avait péri en faisant le trajet au milieu d'une nuit obscure. Il n'en était rien pourtant, et voici ce qui était arrivé.

Il avait choisi pour partir l'heure de la haute mer, dans l'espoir de franchir plus facilement les écueils dont l'île Marianne est entourée. Il y réussit effectivement, mais, quand il voulut se diriger vers la terre, il s'aperçut qu'un courant rapide l'éloignait du rivage et l'entraînait vers la pleine mer. Il essaya d'abord de lutter contre ce courant; mais, dépourvu des moyens de diriger son embarcation, il s'épuisa bientôt en efforts inutiles, et finit par s'abandonner à sa destinée et à la grâce de Dieu, regrettant bien de n'avoir pas suivi les conseils de ses compagnons. Quand le jour parut, il était à plus de trois lieues au large; il n'apercevait plus l'îlot où il avait laissé ses amis, et il ne distinguait que les deux sommets de montagnes, l'un appelé aujourd'hui le piton du Port, l'autre le piton du Bambou, où il s'était proposé d'allumer le feu qui devait annoncer sa présence à ses amis. A cette vue, il redoubla d'efforts pour se rapprocher de terre, en se servant de ses

mains en guise d'avirons (car sa petite na-
celle était à fleur d'eau comme les esquifs
des Esquimaux). De temps en temps aussi
il employait à cet usage un petit poêlon qu'il
avait emporté pour faire cuire ses aliments;
mais reconnaissant bientôt l'inutilité de ce
travail, il cessa une tentative inutile, et,
épuisé de fatigue et de besoin, en proie à la
faim et surtout à une soif dévorante, il
s'abandonna à la Providence, résigné à la
mort inévitable qui l'attendait. Quand il eut
cessé tout mouvement, une sorte de tor-
peur s'empara de ses membres, et il tomba
dans une espèce d'engourdissement léthar-
gique, qui lui ôta le sentiment même de
son existence.

Heureusement la mer était alors calme
et unie comme une glace; car il eût suffi de
la moindre lame pour engloutir sa frêle embarcation. Combien de temps resta-t-il ainsi
suspendu sur l'abîme des flots, entre la vie

et la mort? il ne l'a jamais su; seulement,
quand il reprit connaissance, comme on se
réveille après un pénible sommeil, il se
trouva sur une petite goëlette qui l'avait recueilli au milieu de l'Océan. C'était un petit
navire hollandais qui faisait de temps en
temps le trajet de Maurice à Bourbon,
transportant dans cette dernière île des toiles
de Hollande et des cotonnades de l'Inde,
qu'il échangeait contre des vivres, des
tortues et autres productions de ce pays,
plus fertile et déjà mieux cultivé que l'île
Maurice.

Bennelle fut enchanté d'apprendre que
la destination du navire à qui il devait son
salut était précisément cette île d'Éden,
dont la description publiée par Duquesne
l'avait déterminé jadis à quitter l'Europe
pour entreprendre son aventureux voyage,
île qu'il n'avait aperçue un instant du pont
de *l'Hirondelle* que pour ressentir plus vi-

3*

vement la douleur de ne pouvoir y aborder. Sa première pensée, en reprenant connaissance, avait été de rendre grâces à Dieu ; la seconde fut de témoigner sa reconnaissance envers ses libérateurs. Ceux-ci se montrèrent remplis de bienveillance à son égard, et lui promirent, sur sa demande, de donner de ses nouvelles, dès leur retour à Maurice, à ses compagnons d'infortune. Il paraît toutefois, d'après ce que nous avons vu, qu'ils ne s'acquittèrent pas de cette commission, soit que Leguat eût déjà quitté l'île, soit qu'ils craignissent le ressentiment du gouverneur pour ne pas lui avoir ramené un prisonnier évadé.

La traversée fut rapide et facile, grâce aux vents alizés qui règnent presque constamment dans ces parages. A la tombée de la nuit, les marins montrèrent à Bennelle le volcan de l'île Bourbon, dont la lumière éclatante leur apparaissait comme un phare pour les guider plus sûrement dans leur route. Au jour naissant, la masse imposante de l'île se découvrit en entier devant eux. Bennelle reconnut les montagnes élevées qu'il avait déjà aperçues lors de son premier voyage, et cette ceinture de forêts verdoyantes dominées par les cimes escarpées et nues des deux volcans, dont l'un est éteint, et dont l'autre est encore embrasé, puis ces torrents qui se précipitent des montagnes de bassin en bassin, en formant des cascades « si admirables à voir, dit Flacourt, qu'il semble que la nature les ait ainsi faites afin d'allécher les hommes qui les voient à y demeurer. »

La galiote doubla la pointe nord de l'île en passant à une petite distance de l'emplacement où commençait à s'élever Saint-Denis, récemment désigné pour être la capitale de l'île; puis, après avoir doublé la pointe des Galets, le navire entra dans la rade de Saint-Paul, où les Français avaient formé leurs premiers établissements.

Dès que le navire eut jeté l'ancre, il fut entouré d'étroites pirogues gouvernées par des blancs, avec quatre noirs pour rameurs. Les blancs, avec une vivacité toute française, montèrent à bord pour s'informer des marchandises apportées par le navire, et faire en même temps leurs offres d'échange; car l'argent était rare alors dans la colonie, et le moyen tout primitif de l'échange était à peu près le seul employé dans le commerce.

Tandis que le capitaine de la galiote répondait avec son flegme hollandais aux questions multipliées et rapides des nouveaux venus, ceux-ci apprirent, je ne sais comment, qu'il y avait un Français à bord, et dans quelle circonstance il avait été recueilli par l'équipage du navire. Aussitôt, il ne fut plus question de marché; toutes les mains des colons se tendirent vers Bennelle pour serrer les siennes et lui souhaiter la bienvenue. Vivement ému de cet accueil, le pauvre jeune homme serrait avec effusion ces mains amies, et s'empressait de répondre aux questions qui lui étaient adressées de toutes parts. En peu de mots il eut mis les jeunes colons au courant de ses aventures, du dernier danger qu'il avait couru et de la manière miraculeuse dont il avait été sauvé, ajoutant qu'il conserverait pour ses libérateurs une reconnaissance éternelle.

« Et nous aussi, nous leur en savons gré, » s'écria un créole d'une trentaine d'années, qui, s'il n'était le chef de ses camarades, paraissait au moins exercer sur eux une certaine influence. Puis, s'adressant au capitaine hollandais: « Merci, mon vieux et brave Piter-Bott, dit-il, merci de ce que vous avez fait pour un de nos compatriotes. Vous allez venir à terre avec lui afin que nos pères et tous nos amis vous témoignent leur reconnaissance. Vous pouvez amener aussi une partie de vos hommes, ils seront également bien reçus.

— Je vous remercie, master Louis ; mais vous savez que la rade n'est pas très-sûre ; d'un moment à l'autre je puis être obligé de prendre le large, et je désirerais profiter du beau temps pour décharger mes marchandises ; mais auparavant il faudrait savoir si la cargaison vous convient, et nous entendre sur les conditions.

— Certainement que la cargaison nous convient ; vous pouvez donc la faire débarquer à l'instant ; quant aux conditions, vous savez que nous ne sommes pas très-difficiles, et aujourd'hui, en raison de votre belle conduite envers un Français, vous nous trouverez plus coulants que jamais. »

Piter-Bott n'en demanda pas davantage.

Il connaissait depuis longtemps la franchise et la bonne foi des colons de *Mascarin* (comme on appelait généralement l'île Bourbon, par corruption du nom portugais *Mascarenhas*). Il accepta l'offre d'accompagner Bennelle à l'habitation du jeune colon qui l'avait invité, tandis que son second veillerait au débarquement de la cargaison à l'aide des autres pirogues laissées à sa disposition.

Dès qu'ils eurent mis le pied sur la plage, le colon prit familièrement le bras de Bennelle, qui ressentait encore une grande faiblesse par suite des fatigues et des privations qu'il avait éprouvées la veille. « Allons, un peu de courage, mon ami, lui dit-il, dans dix minutes nous serons arrivés ; vous vous reposerez alors tout à votre aise, et dans un jour ou deux il n'y paraîtra plus.

— En vérité, Monsieur, répondit Bennelle, je ne sais comment vous exprimer ma reconnaissance pour les bontés que vous témoignez à un étranger...

— Pas un mot de plus, interrompit le colon avec une sorte de brusquerie bienveillante; d'abord, je ne m'appelle pas monsieur, mais Louis tout court, ou la Roche de mon nom de famille, et je vous prie de ne pas me donner d'autre nom. Puis vous n'êtes pas un étranger, puisque vous êtes Français. Enfin vous ne me devez point de reconnaissance, car je suis plus que récompensé par le bonheur que j'éprouve de pouvoir rendre quelque service à un compatriote, et surtout par le plaisir que je vais faire à mon vieux père en lui amenant un homme avec qui il pourra causer de son pays natal; car nous autres, nous sommes nés la plupart dans cette île ou à Madagascar, et nous n'avons jamais vu la France, ce qui ne nous empêche pas de l'aimer comme on aime sa mère. »

Tout en causant ainsi, les deux jeunes gens arrivèrent à l'habitation du père de Louis la Roche. Nos lecteurs ont déjà compris que cet homme n'était autre que l'ancien sergent du Fort-Dauphin, avec qui ils ont fait connaissance. François la Roche était, à cette époque, un vieillard de soixante-quinze ans au moins, encore frais, vigoureux, et à qui l'on n'en eût pas donné soixante.

L'habitation occupée par le père la Roche se composait d'un certain nombre de cases dans lesquelles résidaient les membres de sa famille qui étaient mariés, et les noirs attachés au service de l'habitation. Toutes ces cases étaient construites de la même manière, et cette manière était ce qu'il y a de plus simple. Des lataniers coupés d'égale longueur et couchés les uns au-dessus des autres, formaient les quatre murs ou les quatre côtés de chaque case; ces arbres s'ajustaient dans des entailles pratiquées à leurs extrémités; puis quelques *gaulettes* formaient la charpente, qui était recouverte avec des feuilles de latanier. Il n'y avait au bâtiment qu'une porte et une petite fenêtre; la porte ne fermait qu'au loquet, car c'était l'époque de l'âge d'or de la colonie, où les serrures étaient inconnues. C'était l'affaire d'un jour ou deux pour achever une pareille construction. La maison du chef de famille ne se distinguait des autres qu'en ce qu'elle était plus grande et avait deux pièces de plain-pied. On ne connaissait alors ni le luxe des carreaux de vitre et des treillis de rotin, ni celui des parquets, des rideaux et des tapisseries, toutes choses fort communes aujourd'hui. On faisait la cuisine en plein air ou sous un petit auvent, et l'on dînait en famille au pied d'un gros tamarinier. Cette description peut convenir à peu près à toutes les autres habitations de ce temps.

Louis n'avait pas exagéré en parlant à Bennelle du plaisir que son père aurait à voir un Français de France. Le vieux la Roche lui fit l'accueil le plus cordial, ou, pour mieux dire, le plus paternel. Dès le lendemain de son arrivée, on construisit pour lui une de ces petites cases dont nous avons parlé, et il y fut aussitôt installé.

Nous l'avons dit ailleurs, Bennelle avait beaucoup d'intelligence et de capacité; il avait de plus fait d'assez bonnes études, ce qui le fit bientôt regarder comme un oracle au milieu de ces gens simples et ignorants, en même temps que la douceur de son caractère et la bonté de son cœur le faisaient chérir de tous ses nouveaux amis. Le vieux père la Roche surtout ne pouvait se lasser de répéter que la colonie avait fait une précieuse acquisition, et pour se l'attacher davantage il n'hésita pas à lui donner en mariage sa plus jeune fille, alors âgée de dix-sept ans.

La différence de religion aurait pu être un obstacle à cette union; mais voici comment il fut levé. Bennelle était loin d'avoir pour le calvinisme cet attachement fanatique qui distinguait les puritains de cette époque; il avait embrassé cette religion parce que c'était celle dans laquelle son père l'avait élevé; mais sa mère était catholique, et s'il n'eût pas eu le malheur de la perdre fort jeune, il est probable qu'il n'aurait jamais professé d'autre religion que la sienne. En grandissant, les études qu'il fit et son bon sens naturel lui inspirèrent souvent des doutes sur l'excellence d'une secte qui, sous prétexte de réforme, s'était séparée d'une Église qui remontait par ses traditions, par ses dogmes, par ses ministres, jusqu'à Jésus-Christ lui-même; mais il n'avait pas poussé ses réflexions là-dessus au delà du doute. Quand il vit son père banni de France à cause de son attachement à la nouvelle religion, il crut son honneur engagé à rester fidèle à cette religion comme à son père lui-même. Celui-ci mourut quelque temps après leur arrivée en Hollande; c'était précisément à cette époque que Duquesne préparait son expédition de Mascareigne, et publiait un tableau si séduisant de ce nouvel Éden. Bennelle, séduit par cette brillante description, profita de son titre de réfugié protestant pour être admis à faire partie de l'expédition, songeant plutôt au plaisir de voyager et de voir des pays nouveaux qu'à aller exercer en paix, dans un autre hémisphère, une religion pour laquelle il n'avait ni conviction ni attachement sincère.

Quand il fut question de son mariage

avec la fille du père la Roche, Bennelle s'expliqua franchement sur ce que nous venons de dire avec son futur beau-père et avec Louis la Roche, qui était devenu son intime ami. Le père et le fils, après l'avoir attentivement écouté, lui parlèrent ainsi : « Nous ne sommes pas assez instruits pour vous dire ce qu'il faut faire ; mais allez trouver le P. Vincent, et nous nous en rapporterons à ce qu'il décidera. »

Le père Vincent était un missionnaire lazariste, qui jouissait de la confiance entière des colons, et qui la méritait. Bennelle alla le trouver ; il eut avec lui de longues conférences, à la suite desquelles il abjura les erreurs de Calvin, et rentra avec sincérité dans le giron de l'Église. Son mariage avec la fille du vieux la Roche eut lieu quelques jours après son abjuration.

A dater de l'époque où Bennelle devint

membre de la famille la Roche, la prospérité de cette famille ne fit que s'accroître de jour en jour. Dans ce temps-là, le nombre des serviteurs ne dépassait guère celui des maîtres, et ceux-ci ne rougissaient point de travailler avec leurs esclaves. Aussi l'arrivée d'un blanc actif, intelligent, laborieux, était non-seulement un avantage immense pour la famille à laquelle il s'alliait, mais aussi une précieuse acquisition pour la colonie; c'est précisément ce qui eut lieu pour Bennelle.

L'industrie agricole se bornait alors à la culture des vivres, c'est-à-dire des céréales, des racines, des légumes et des fruits servant à la nourriture des habitants. Leur principale occupation était le soin de leurs troupeaux. Les pâturages de Saint-Denis et de la pointe des Galets étaient les plus estimés de l'île; dans la saison de la sécheresse, on envoyait les taureaux et les génisses paître dans les montagnes, et pour les reconnaître on les marquait d'un fer chaud portant la lettre initiale du nom du chef de famille, ou tout autre signe particulier. Cette mesure n'avait du reste pour objet que d'éviter de confondre entre eux les animaux de même espèce; « car, dit un voyageur, ces peuples sont de si bonne foi, qu'il ne songent point à s'entre-dérober leurs troupeaux. »

Bennelle ajouta aux travaux agricoles la culture du tabac, qui n'était pas, il est vrai, complétement inconnue avant son arrivée, mais qu'on ne cultivait que pour la consommation locale, et non comme objet de spéculation. Il fit comprendre à ses beaux-frères d'abord, et bientôt aux autres habitants, l'avantage qui résulterait pour eux de la culture en grand de cette plante, qui leur fournirait un moyen d'échange plus avantageux que celui des vivres.

Ce fut encore lui qui, une vingtaine d'années plus tard, guidé par les instructions de M. Beauvollier et de M. Desforges-Boucher, s'appliqua à la propagation de la culture du caféier, dont les premières plantes furent apportées dans la colonie en 1717, culture qui devait être en peu de temps une source de richesses pour l'île Bourbon.

CHAPITRE VI

Ce Paul Bennelle, dont je viens de vous esquisser la biographie, est aussi un de nos ancêtres; car ses enfants, de génération en génération, se sont toujours alliés par mariage avec les descendants de François la Roche; et pendant bien des années, une partie de la population du bourg de Saint-Paul n'était composée que de deux familles, les la Roche-Bennelle, et les Bennelle la Roche.

En 1721, la population de l'île Bourbon était déjà si nombreuse que, semblable à une ruche d'abeilles, elle était en état d'envoyer un essaim de ses enfants fonder une autre colonie. Ce fut à l'île Maurice que ce premier essaim alla se fixer.

Cette île était abandonnée des Hollandais depuis 1712; trois ans après, M. Dufresne, capitaine du vaisseau *le Chasseur*, en avait pris possession, par ordre et au nom du roi, le 27 juin 1715; il la nomma *île de France*, nom qu'elle a glorieusement porté pendant un siècle; mais il n'y forma point d'établissement.

Ce ne fut donc qu'en 1721 qu'un certain nombre de colons de Bourbon vinrent commencer un établissement à l'île de France. Parmi eux était mon quatrième aïeul, le fils de Louis la Roche, qui avait épousé une des filles de Paul Bennelle, sa cousine; il a été le chef de la branche des la Roche de l'île de France, dans laquelle s'est conservé jusqu'à nos jours l'usage de s'allier à nos parents de Bourbon ; ainsi mon grand-père, mon père et moi-même, nous avons épousé des demoiselles Bennelle la Roche, de la Réunion. Nous ne sommes pas les seules familles des deux îles chez lesquelles existent de semblables alliances, et de ces relations intimes que n'ont interrompues ni le temps, ni les révolutions, ni la différence des pavillons qui flottent aujourd'hui sur chacune des deux colonies. Il semble, au contraire, que tous les arrangements politiques, tous les obstacles qui viennent du fait des hommes, n'ont eu pour effet que de resserrer les liens qui existent entre la Réunion et Maurice, parce que c'est la nature elle-même qui les a fournis. On a comparé avec justesse ces deux îles à deux sœurs jumelles, nageant dans le même bassin, et constamment séparées par un flot, mais se donnant la main sous l'onde pour n'être jamais désunies. Aussi la langue, les mœurs, les intérêts, les passions, les lois elles-mêmes, et surtout la religion, se sont conservés semblables dans les deux îles, avec une physionomie légèrement distincte toutefois, comme il convient à deux sœurs jumelles.

Les premiers habitants de Bourbon établis à l'île de France apportèrent avec eux cette simplicité de mœurs, cette bonne foi, cette hospitalité qui ont longtemps distingué les colons de l'une et de l'autre île. Les uns et les autres ne perdirent ces vertus qu'en acquérant des richesses, et surtout en recevant au milieu d'eux une foule d'étrangers qui venaient y chercher fortune et n'apportaient avec eux que des vices.

Au temps dont je parle, il ne circulait pas beaucoup d'argent dans le pays; on ne payait point d'impôts; aussi l'administration laissait-elle faire à chacun à peu près tout ce qui lui convenait. Les notables de chaque

quartier se réunissaient de leur pleine au-
torité pour délibérer sur leurs intérêts
communs; on se concertait pour les travaux à entreprendre, pour l'ordre et la po-
lice de son quartier. J'ai souvent vu, aux
bords de l'étang de Saint-Paul à l'île Bourbon, les pierres qui servaient de siége au
conseil sous le gros arbre où il se réunis-
sait; c'est là qu'on écoutait comme des
oracles le bonhomme la Roche, le seul
qui restât au commencement du XVIIIe siècle des premiers habitants de la colonie, et
après lui son fils Louis et son gendre Paul
Bennelle.

Les maisons de chaque quartier étaient
éparses dans la savane, les cultures de la
montagne séparées par d'épaisses lisières
de bois; chaque famille vivait isolée, et
en paix avec son voisin. Cependant, je
dois le dire, dès cette époque, les femmes
troublaient quelque peu, par leurs pré-

tentions jalouses, l'harmonie qui régnait dans cette naissante société. A l'époque où notre aïeul, le fils de Louis la Roche, quitta l'île Bourbon pour venir s'établir à l'île de France, il n'y avait que six familles, et la nôtre était du nombre, chez qui le sang européen se fût conservé dans toute sa pureté; toutes les autres familles portaient plus ou moins les traces d'une origine africaine; car on n'a pas oublié que la plupart des premiers colons de Bourbon avaient épousé des femmes de Madagascar. Un voyageur, le Gentil, raconte qu'en 1717 il vit dans l'église de Saint-Paul une famille qui lui donna de l'admiration, *la vue allant du blanc au noir, et du noir au blanc;* il y avait cinq générations de la plus âgée des femmes à la plus jeune; la trisaïeule, qui avait cent huit *ans,* était entièrement noire; la fille de l'arrière-petite-fille était blonde comme une Anglaise.

« D'après les renseignements que j'ai recueillis, ajoute ce voyageur, cette bonne vieille était une princesse de Madagascar dont la fille s'était mariée avec un officier de l'établissement de Flacourt au Fort-Dauphin; lors du massacre des Français, il ne s'échappa de cette famille que des femmes, qu'on avait fait embarquer dans le pressentiment d'un prochain danger. »

Or il y avait une petite guerre dans ce temps-là entre les femmes blanches et celles qui ne l'étaient pas tout à fait, celles-ci se prétendant leurs égales parce qu'elles sentaient couler dans leurs veines le plus noble sang de Madagascar. Quoique les hommes prissent rarement part à ces querelles féminines, il en résultait parfois des brouilleries entre les familles. Ce fut même une des causes qui déterminèrent le fils de Louis la Roche à quitter Bourbon, après son mariage avec sa cousine; en effet, celle-ci ayant préféré son cousin à un des descendants de la princesse malgache dont nous venons de parler, il s'en était suivi entre les deux prétendants une rixe fâcheuse, qui aurait pu avoir des résultats funestes, si mon aïeul n'avait pris le parti de quitter l'île.

Du reste, ces habitants d'origine blanche ou de race mélangée, mais tous de condition libre, ne contractèrent par la suite aucune alliance légitime avec les Africains: l'arrivée d'un grand nombre de familles européennes, avec lesquelles blancs et basanés se confondirent, contribuèrent à faire disparaître les traces de l'origine d'un certain nombre de familles créoles appartenant à la population primitive; de sorte que les premières sources seraient maintenant très-difficiles à distinguer.

Mais si les nouveaux venus d'Europe contribuèrent à l'accroissement de la population blanche dans les deux îles, ils y apportèrent aussi, comme je l'ai déjà dit, l'altération de ces mœurs simples et de cette probité scrupuleuse qui faisaient l'honneur des premiers colons. Ajoutez à cela le rapide accroissement des fortunes et le développement du commerce, au moment où la culture du caféier eut pris une grande extension dans les deux colonies et surtout à Bourbon; les relations fréquentes qui s'établirent, à l'époque de la guerre de l'Inde, entre nos divers établissements d'Orient, et vous comprendrez qu'il dut se produire, et qu'il se produisit en effet, une révolution complète dans la condition et dans la manière de vivre de nos habitants. La Compagnie des Indes, intéressée à l'extention de la nouvelle culture, leur fit des avances considérables en esclaves et en argent. Le luxe ne s'introduisit pas d'abord parmi les anciens colons, pour qui les besoins ne s'étaient pas encore multipliés; mais il alla toujours croissant parmi leurs enfants et leurs petits-enfants. Les approvisionnements pour les armées de l'Inde se faisant aux îles de France et de Bourbon, le roi ayant autorisé les deux colonies, que la Compagnie laissait manquer d'objets de première nécessité, à faire le commerce d'*Inde en Inde,* on vit arriver, principalement à l'île de France, des ouvriers malabares qui apportèrent le goût de leurs constructions, des marchands chargés des produits de la Chine et du Bengale, des officiers de Dupleix et de Bussy, qui vinrent se reposer de leurs fatigues sous un ciel plus salubre que celui de l'Indoustan. Les usages, les monuments, les coutumes, tout prit une physionomie moitié européenne et moitié asiatique.

Pendant ces guerres, les volontaires de

l'île Bourbon, parmi lesquels figurent plusieurs membres de notre famille, se distinguèrent dans l'Inde par leur bravoure; mais ils rapportèrent chez eux l'amour des distinctions militaires, et contribuèrent aussi à y répandre le goût des étoffes et des richesses asiatiques.

Cependant l'île Bourbon, cédée au gouvernement du roi par la Compagnie des Indes, après ses grands désastres en Asie vers la fin du règne de Louis XV, n'en continua pas moins ses progrès en agriculture, parce qu'elle put les développer sans secours étranger, par la seule puissance de son terrain fertile; mais le manque de ports et de havres sûrs ne lui a pas permis de s'ouvrir aucun débouché commercial, et quoiqu'elle eût commencé d'être habitée et cultivée avant l'île de France, elle s'est vu devancée par celle-ci, qui a pris sur elle une prééminence imposante sous le

rapport de la population libre, des lumières,
de l'influence maritime et militaire, de l'ac-
tivité des relations de tout genre avec le
monde entier.

Cependant, quand vinrent les longues
guerres de la révolution et de l'empire, les
deux îles rivalisèrent de courage et de zèle
pour résister aux efforts de la marine anglaise. Les colons de l'une et de l'autre île
montaient sur les bâtiments armés en course,
et s'associaient aux fabuleuses prouesses
de Robert Surcouf, cet intrépide marin de
Saint-Malo, ce corsaire qui n'eut point
d'égal, et qui savait enlever les plus imposants vaisseaux de la compagnie anglaise
des Indes avec un bateau pilote et quelques pilotins. Ils complétaient aussi les
équipages des bâtiments de la marine impé-
riale qui, dans les mers de l'Inde et en vue
du Port-Louis (c'était alors le Port-Napo-
léon), soutinrent pendant plusieurs années

la gloire du pavillon français, mis en lam-
beaux partout ailleurs, à Aboukir, à Tra-
falgar, en vingt autres combats malheureux. Ils étaient présents à toutes les places
où il pouvait y avoir des coups de fusil à
donner ou à recevoir pour assurer le pavillon de la France. Les hommes de mer
les plus renommés de notre siècle, Hamelin,
Bouvet, Roussin, l'Hermite, et le plus illustre de tous, Duperré, se firent un nom
dans les parages de l'île de France, pendant
que leurs frères d'armes, dont quelques-uns
avaient une célébrité déjà acquise, la per-
daient sur d'autres champs de bataille. Ce
fut un privilége de l'île de France de donner
aux marins qui la protégeaient l'occasion
des plus beaux triomphes militaires, et ce
fut aussi en partie son ouvrage, car elle ne
ménageait pas le sang de ses enfants.

En 1810, le 8 juillet, l'île Bourbon, appelée alors île Bonaparte, fut prise par une

nombreuse escadre anglaise; au mois de décembre de la même année, l'île de France subit le même sort. Du reste, une capitulation des plus honorables leur fut accordée. La loi française fut reconnue comme loi du pays, et les tribunaux français demeurèrent chargés de l'appliquer, devant un barreau plaidant en langue française.

Les traités de 1815 rendirent à la France l'île Bonaparte, qui reprit son nom de Bourbon, pour le perdre encore en 1848, et reprendre celui de la Réunion, qu'elle avait reçu dans la première révolution.

L'île de France resta définitivement aux Anglais, mais sans rien changer aux termes de la capitulation de 1810. Quels étaient les vainqueurs, quels étaient les vaincus à de telles conditions? Les Anglais, évidemment, recevaient le droit de mettre garnison dans l'île, de planter leur drapeau sur tous les édifices publics, de percevoir l'impôt; mais ils subissaient le joug des lois, de la langue, des mœurs, des fantaisies même d'une colonie qui devenait leur sujette en quelque sorte par convention amiable, après que la nécessité eut fait entendre sa voix inflexible. Les Anglais subissent encore aujourd'hui le même joug. Rien n'est changé dans les rapports entre les deux populations européennes, dont l'une croit gouverner et a mission de gouverner, tandis que l'autre passe pour s'être soumise parce qu'elle a capitulé : *Mauritius island* est toujours une colonie française, avec une garnison vêtue d'uniformes rouges, et un petit nombre de commis venus d'Angleterre, qui s'étudient à oublier leur langue et à parler français dans les emplois supérieurs de l'administration publique; toutes les autres places, celles qui ont un caractère subalterne, sont abandonnées aux créoles.

Mais, quand même l'île de France devrait

être absorbée dans le sein d'une nationalité étrangère et puissante, le génie des lettres lui a pour toujours assuré dans le souvenir des hommes une renommée immortelle et une illustration qui ne pourra s'effacer, ni se confondre avec une dénomination étrangère. Le nom de l'île de France et tous ces noms qui lui appartiennent, les Pamplemousses, l'île d'Ambre, le cap Malheureux, la baie du Tombeau, la montagne Longuet, la rivière Noire, le Port-Louis, vivront aussi longtemps que la touchante pastorale ou plutôt le poëme de *Paul et Virginie,* c'est-à-dire aussi longtemps que la langue française, et ses derniers monuments subsisteront pour la gloire de l'esprit humain.

L'île Bourbon est fière sans doute d'avoir donné le jour à deux poëtes, Antoine Bertin et Évariste Parny. Bernardin de Saint-Pierre est étranger à Maurice comme à Bourbon; mais ces deux petites îles l'ont accueilli, nourri, inspiré, dans l'âge des fraîches idées, et l'île Maurice a plus droit d'en être fière pour avoir été chantée par lui, que l'île Bourbon pour avoir vu naître ces deux brillants officiers qui firent des vers pour occuper leurs loisirs, mais qui eurent le tort grave de ne pas s'inspirer aux sources chastes et pures où puisa Bernardin de Saint-Pierre, où ont toujours puisé les grands poëtes véritablement dignes de ce nom.

Et cependant est-il un pays qui plus que le nôtre prête à l'inspiration poétique? S'il est vrai, comme l'a dit le savant Humboldt, que le climat, la configuration du sol, la physionomie des végétaux, l'aspect d'une nature riante ou sauvage, influent sur le progrès des arts et sur le style qui distinguent leurs productions, nous ne devons pas tarder à voir surgir des poëtes et des artistes pour peindre ces sites majestueux, ces végétaux imposants, toute cette nature si belle qui caractérise nos deux îles de Maurice et de la Réunion. Déjà d'heureux essais ont été faits, et je citerai les vers suivants de M. Victorin Fabre, où il décrit un vallon de l'île de France :

D'orange et de jamrose un zéphir embaumé,
Répand dans le vallon leur tribut parfumé.
Sur le coteau voisin le palmiste balance
Son panache arrondi que protége une lance :
L'ananas s'y couronne ; et sous un ciel d'azur
Le coco dans sa coupe y mûrit un lait pur...
. . . .

Après avoir ainsi dessiné le lieu de la scène, le poëte retrace les accidents pittoresques dont le paysage s'anime à la naissance du jour :

Dévoilant par degré sa blancheur éclatante,
La fleur de l'agathis, au rayon matinal,
De son lustre mobile allume le cristal.

Comme elle, rallumant les éclairs de leurs ailes,
Mille insectes légers , vivantes étincelles,
Mille oiseaux qu'à l'éclat de leurs fraîches couleurs
Mes yeux dans le feuillage avaient pris pour des fleurs,
Se jouant sur l'émail des lianes fleuries,
Semaient leurs rideaux verts du feu des pierreries.
J'ai cru voir dans le bois, de leurs reflets paré,
Voltiger du saphir le rayon azuré ,
L'opale aux flammes d'or, l'hyacinthe vermeille...
Mais de ce songe aimable un chant léger m'éveille,
La voix du bengali soupire avec douceur ;
Et son soupir ressemble au parfum d'une fleur.

Cependant sous mes pas s'allume la poussière ,
L'air s'embrase, et bientôt l'éclatante lumière
D'un ciel rouge et pareil au rubis enflammé ,
Sur mes yeux éblouis s'abaisse... Accoutumé
Aux frais abris des bois, mon front se réfugie
Sous d'épais lataniers dont la feuille élargie,
Cercle toujours mobile, en rayons divisé ,
Brise les traits du jour, et dans l'air embrasé ,
Sur un pivot flexible, éventail de verdure,
Cède aux soupirs des vents et redit leur murmure

Sans m'arrêter sur toutes les beautés dont étincelle cette magique peinture, dont chaque coup de pinceau offre autant d'exactitude que de nouveauté, et pour ne parler que du dernier trait, je crois que dans aucune langue on n'a décrit, même en prose, la feuille du latanier d'une manière aussi juste, aussi précise que dans les cinq vers qu'on vient de lire.

Mais, puisque j'ai cité des vers, je ne saurais me dispenser de parler d'un de nos compatriotes, d'un ami que nous venons d'avoir le malheur de perdre d'une manière si inattendue. Lui aussi était poëte, et poëte inspiré par l'amour de son pays, par les beautés de la nature, et par un profond sentiment religieux. Son nom, inconnu en Europe, avait dans notre île des admirateurs passionnés, et la bonté de son cœur lui avait fait encore plus d'amis que son talent ne lui avait créé d'admirateurs (1). Je ne saurais résister au désir de citer ces vers que lui inspira ce coquillage appelé la *coquille merveilleuse*, où l'on croit voir l'image de la Vierge et de l'enfant Jésus. Ce morceau suffira pour donner une idée de son talent poétique et de ses sentiments religieux.

LA COQUILLE MYSTÉRIEUSE

C'est bien lui, c'est bien elle ! Elle, la vierge-mère
Qui dans son fils sentit crucifier son cœur,

---

(1) M. Volsy Delafaye, créole de Maurice, est mort dans cette île en février 1859. Il avait publié en 1858 un volume de poésies intitulé *les Feuilles jaunies,* dans lequel on trouve, parmi quelques légères incorrections, un incontestable talent. Je citerai, parmi les pièces les plus remarquables, celles qui portent les titres suivants : *Malartic, la Novice, Eliza Magny, Seize ans, Douleur, Chant sur les morts de Madagascar, les Deux Sœurs* (Maurice et la Réunion), *la Coquille merveilleuse,* etc. — M. Delafaye est enterré au cimetière de Moka, dans le quartier des Roses ; c'est lui-même qui avait désigné le lieu où l'on devait creuser sa tombe. Il est mort jeune encore ; il avait épousé une femme aimable, qu'il aimait tendrement. Il avait occupé une place au tribunal de Maurice, et cette occupation fort sérieuse n'avait point affaibli ses goûts littéraires. Il aimait passionnément son pays, ce qui veut dire aussi qu'il aimait passionnément la France.

Elle, que Dieu choisit pour le divin mystère,
Fleur qui donna le fruit sans cesser d'être fleur.

C'est lui, le Maître saint, le juge charitable,
Le martyr de la croix conquérant du tombeau;
C'est lui, l'enfant sauveur qui sort Dieu d'une étable,
C'est le monde chrétien qui palpite au berceau.

. . . .

Oui, le voilà tracé le symbole suprême,
Avant qu'au Golgotha le peuple triomphant
Ne sentit sur son front, dans un double baptème,
Les larmes de la mère et le sang de l'enfant.

Tu reproduis leurs traits, merveilleux coquillage,
Toi qui, perdu, roulais au sein de l'Océan;
Sur ta feuille nacrée ils posent leur image...
Te voilà pour toujours perdu pour le néant!

Jamais hardi plongeur, disparaissant sous l'onde
Pour tâcher d'en ravir quelque objet précieux,
N'a fait luire une perle au soleil de ce monde,
Qui puisse être égalée à toi, perle des cieux.

Oh ! ce n'est pas sans but que Dieu fit sur la plage
Échouer la coquille au sens mystérieux ;
Pour vous, riches, elle est comme un muet langage
Dans lequel Vierge et Christ s'expriment à vos yeux.

L'une dit : « En voyant l'image qu'on révère,
« Riches, doublez vos dons, et songez qu'ici-bas
« Plus d'une mère, hélas ! monte aussi son Calvaire,
« A défaut de la croix, ses enfants dans les bras. »

L'autre dit : « J'ai toujours, en doux et tendre père,
« Laissé venir à moi les enfants malheureux ;
« Riches, en vos bienfaits tout orphelin espère :
« S'ils ne vont pas vers vous, il faut aller vers eux ! »

En esquissant cet aperçu rapide de l'histoire de Maurice et de la Réunion, j'ai voulu montrer combien, dans leurs courtes annales, elles ont déjà de titres de gloire. En parlant des richesses et des beautés merveilleuses de ces îles, j'ai voulu faire voir que dans un si petit espace la Providence s'était montrée généreuse jusqu'à la prodigalité, et combien enfin notre pays doit être cher à ses enfants; mais en retraçant le commencement de l'établissement de nos ancêtres, soit à Bourbon soit à Maurice, en rappelant leurs travaux, leurs efforts et leurs succès, mon but a été de rappeler à mes filles que la probité, la fidélité à la parole donnée, la franchise, la bonne foi, et un attachement sincère à leur religion, les ont toujours distingués parmi les plus anciens colons, et que c'est là l'héritage qu'ils doivent avant tout être fiers de tenir de leurs pères et de transmettre à leurs enfants.

FIN

TABLE

—

CHAPITRE I

CHAPITRE II

CHAPITRE III

CHAPITRE IV

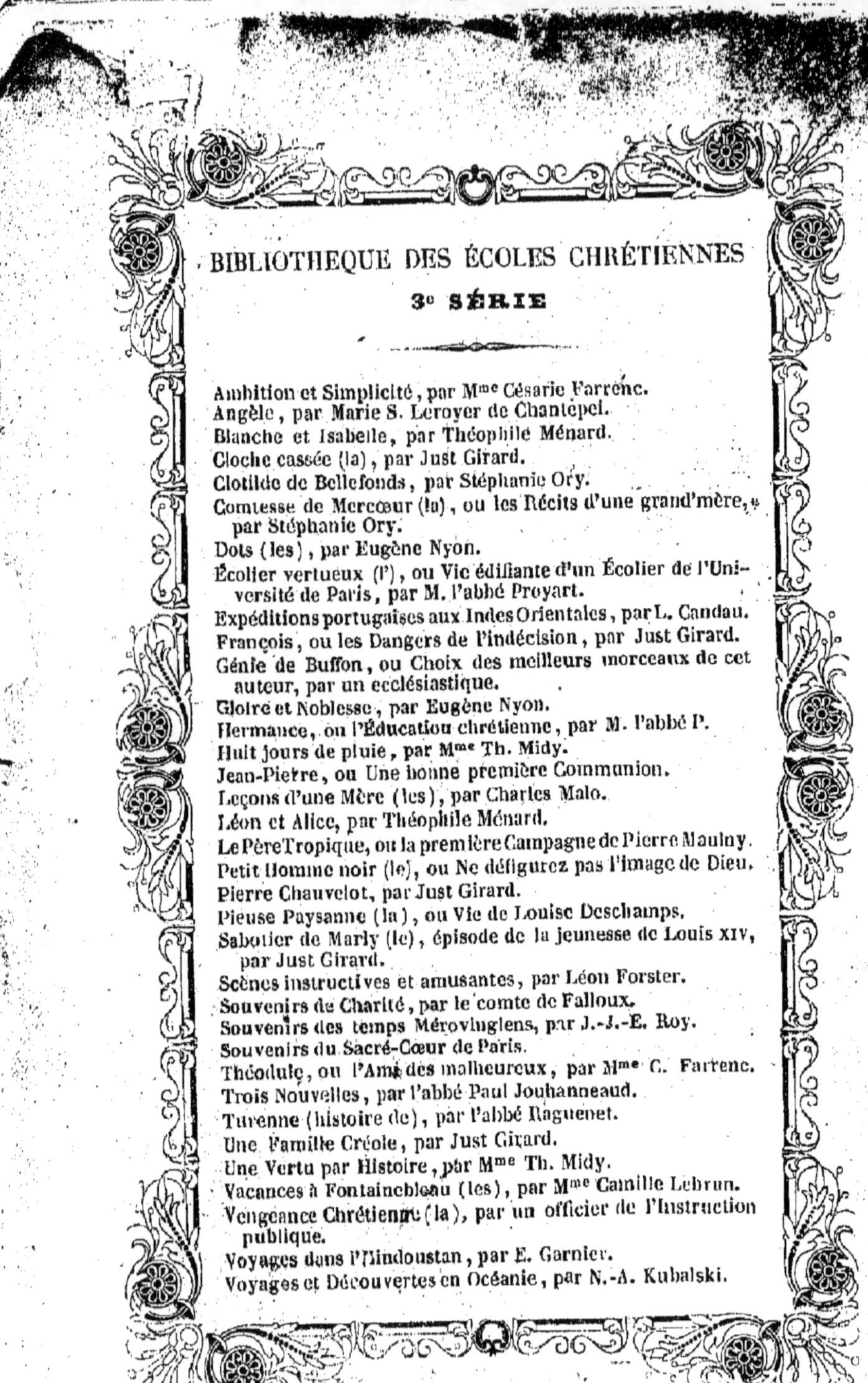

BIBLIOTHÈQUE DES ÉCOLES CHRÉTIENNES

3ᵉ SÉRIE

Ambition et Simplicité, par Mᵐᵉ Césarie Farrenc.

Angèle, par Marie S. Leroyer de Chantepel.

Blanche et Isabelle, par Théophile Ménard.

Cloche cassée (la), par Just Girard.

Clotilde de Bellefonds, par Stéphanie Ory.

Comtesse de Mercœur (la), ou les Récits d'une grand'mère, par Stéphanie Ory.

Dots (les), par Eugène Nyon.

Écolier vertueux (l'), ou Vie édifiante d'un Écolier de l'Université de Paris, par M. l'abbé Proyart.

Expéditions portugaises aux Indes Orientales, par L. Candau.

François, ou les Dangers de l'indécision, par Just Girard.

Génie de Buffon, ou Choix des meilleurs morceaux de cet auteur, par un ecclésiastique.

Gloire et Noblesse, par Eugène Nyon.

Hermance, ou l'Éducation chrétienne, par M. l'abbé P.

Huit jours de pluie, par Mᵐᵉ Th. Midy.

Jean-Pierre, ou Une bonne première Communion.

Leçons d'une Mère (les), par Charles Malo.

Léon et Alice, par Théophile Ménard.

Le Père Tropique, ou la première Campagne de Pierre Maulny.

Petit Homme noir (le), ou Ne défigurez pas l'image de Dieu.

Pierre Chauvelot, par Just Girard.

Pieuse Paysanne (la), ou Vie de Louise Deschamps.

Sabotier de Marly (le), épisode de la jeunesse de Louis XIV, par Just Girard.

Scènes instructives et amusantes, par Léon Forster.

Souvenirs de Charité, par le comte de Falloux.

Souvenirs des temps Mérovingiens, par J.-J.-E. Roy.

Souvenirs du Sacré-Cœur de Paris.

Théodule, ou l'Ami des malheureux, par Mᵐᵉ C. Farrenc.

Trois Nouvelles, par l'abbé Paul Jouhanneaud.

Turenne (histoire de), par l'abbé Raguenet.

Une Famille Créole, par Just Girard.

Une Vertu par Histoire, par Mᵐᵉ Th. Midy.

Vacances à Fontainebleau (les), par Mᵐᵉ Camille Lebrun.

Vengeance Chrétienne (la), par un officier de l'Instruction publique.

Voyages dans l'Hindoustan, par E. Garnier.

Voyages et Découvertes en Océanie, par N.-A. Kubalski.